니체와 장자는 이렇게 말했다

철학은 어떻게 **나다운 삶**을 살아가게 하는가

니체와
장자는

이렇게
말했다

양승권 지음

페이퍼로드
paperroad

일러두기

1. 본문 내 인용 구절은 원문의 해석을 해치지 않는 범위 내에서 말 줄임표를 생략한 채 인용했다. 원문 본래의 의미를 훼손하지 않는 범위 내에서 현대적 맥락에 부합하고 글의 흐름을 매끄럽게 하기 위해 일부 각색한 부분이 있다는 점 또한 밝혀둔다.

2. 본문에 인용된 장자의 글은 모두 출전이 『장자』로 동일하기에 책명은 생략하고 편명만 표기했다.

3. 책 제목은 겹낫표(『』), 편명은 홑낫표(「」), 영화·다큐멘터리·드라마 등의 제목은 홑화살괄호(〈〉)로 표기했다.

'서양의 장자' 니체, '동양의 니체' 장자

고통이란 자기 삶을 풍족하게 할 수 있는 디딤돌이다

장자莊子는 동양 철학사에서 가장 손꼽히는 이단아였다. 서민을 위한 거리의 철학자로 평생을 살면서, 아무도 울어주지 않는 이들을 위해 대신 울어주려 했다. 니체F. Nietzsche는 서양 철학사에서 가장 급진적인 반항아였다. 그는 망치를 들고서 인간의 자유를 옥죄는 모든 기존의 가치를 산산이 조각내려 했다.

　장자와 니체는 장엄하면서도 심술궂은 어투로 인간의 자유를 억압하는 엄혹한 세태를 날카롭게 풍자했다. 두 사람은 인간의 진정한 자유를 위해 평생 고군분투했다. 또 피곤하기 이를 데 없는 여러 사회적 압박에서 벗어나 자연 그대로의 본성에 충실하고 만족하는 방법을 가르쳐 주었다. 이 책은 동서양 각각에서 극한의 사유를 대표하는 니체와 장자가 극적으로 만나는 장이다. 이 책은 니체와 장자의 철학을 우리가 살아가는 구체적인 삶의 속살로 안내할 것이다.

장자는 BC 369년에 태어나 BC 289년경에 사망했으며, 니체는 AD 1844년에 태어나 20세기가 시작되는 1900년에 사망했다. 두 철학자의 시대적 차이는 무려 2,000년이 넘는다. 그 차이가 어처구니없을 정도로 크기 때문에, 같은 범주로 묶어 다루는 것이 타당하지 않은 것으로 보일 지경이다. 하지만 생각이 공유되는 지점이 많다면 시공간의 차이야 무슨 대수랴? 혼란의 시대를 진단하는 문제의식과 개념에서 두 철인은 많이 닮았다. 장자에게는 '동양의 니체'라는 별명을 매길 수 있고, 니체를 두고는 '서양의 장자'로 일컬을 수 있다.

니체와 장자 사이에는 서양과 동양이라는 공간적 차이라는 장벽과 2,000년이 넘어가는 시간적 차이라는 장벽이 가로놓여 있다. 하지만 이들은 정신세계의 일란성쌍둥이라고 말할 법하게 닮은 구석이 많다. 니체 철학의 니힐리즘Nihilism·위버멘쉬Übermensch, 초인·영원회귀는 장자 철학의 무無·진인眞人·만물의 순환에 조응한다. 이 두 사람의 유전자가 닮았다는 것은 글쓰기 패턴에서부터 느낄 수 있다. 이들의 글쓰기 패턴은 철학적이기보다는 서사시에 가깝다. 니체와 장자는 세련된 은유로 인간과 세계에 대해 표현했다. 니체의 저서에는 시적인 어휘와 신화적인 서술이 넘쳐난다. 장자도 주로 이솝우화와 같은 글쓰기 방식으로 글을 썼다. 그런데 니체와 장자의 철학이 비슷한 것까지는 좋은데, '오늘날' 장자와 니체가 의미 있는 이유는 과연 어디에서 찾을 수 있을까?

현재 사회에서 '근본적인' 위기는 인간 '마음'의 위기다. 물론 엄밀히 따져보면 예나 지금이나 '마음'의 위기가 없었던 적은 없다. 하지만 현재 사회에서 우리가 겪고 있는 마음의 위기는 과거와는 차원이 다르다. 그야말로 순식간에 바뀌어 가는 사회 환경의 변화와 가면 갈수록 심해지는 물질만능주의는 우리를 무한 경쟁으로 내몰고 있다. 가장 중요한 관심사는 뒤처지지 않는 것, 또 이를 위해서 나의 '스펙'을 끊임없이 쌓아나가는 것밖에는 없다. 우리는 대체로 내가 원하는 것이 아니라, 누구나 좋다고 평가하는 것을 쫓으면서 살아간다. 다시 말해 '진정한 자기'가 실종된 삶을 산다.

니체와 장자가 우리에게 베풀어 준 중요한 가르침은 이런 것이었다. 우선 니체와 장자는 남의 호흡에 끌려 다니지 말고 자기를 사랑하라고 말한다. 남의 평판에 흔들리지 않는 것은 곧 '외로움'을 이기는 방법이기도 하다. 에리히 프롬E. Fromm은 이런 말을 했다. "혼자 있을 수 있는 사람만이 같이 있을 수 있는 사람이다." 자기를 사랑하는 사람이야말로 함께 있을 가치가 있는 사람이다. 애인과 헤어지면 당연히 마음이 아프다. 그리고 "너무 많이 사랑했어"라고 되된다. 하지만 깊이 들여다보면 많이 사랑해서 괴로운 것이라기보다는, 많이 의지했었기에 괴로운 것일지도 모른다. 나 자신의 '자기애'를 굳건히 지키면서 상대를 사랑했더라면 기대에서 오는 실망감이나 의존에서 오는 허전함은 없었을 것이다. 니체와 장자는 '나의 방식대로' 떳떳하게 살아가는 방법을 일러준다. 정신적 스트레스의 대부분은 떳떳함의 결여에서 나온다. 떳떳하지 못한 이유는 자기 자신에 대한 확신이 부족하기 때문이다. 자신을 사랑하는 것이야말로 행복의 지름길이다.

그리고 니체와 장자는 과거와 미래가 아니라 '지금 현재의 순간'에 충실해야 한다고 말한다. 과거에 대한 후회와 미래에 대한 불안은 우리를 아주 불편하게 한다. 니체와 장자의 관점에 의하면, 반성이나 성찰은 되도록 하지 않는 것이 좋다. 반성이나 성찰은 잘못 살았다는 증거다. 반성이나 성찰 대신 좋은 음식을 먹고 충분한 잠을 취하고 나면 새롭게 일을 도모할 힘을 얻는다. 반성이나 성찰보다 이게 훨씬 낫다. 니체와 장자는 반복해서 '이 순간에 충실'할 것을 설파한다. 하나하나의 시간이 시작이며 또한 끝이라고 생각하라. 얼마나 오래 만나느냐 하는 것보다 하나하나의 시간을 어떻게 만나느냐 하는 것이 중요하다. 비록 세상을 바꿀 수는 없을지 몰라도, '지금, 이 순간'에 듣는 음악 등을 통해 행복할 수 있는 나 자신이 있다. 기쁨의 싹은 우리가 '지금, 이 순간'에 경험하는 모든 곳에 존재한다. 아주 조금, 관점을 바꾸는 순간 나의 삶은 많은 것이 긍정적으로 변한다. 이미 지나가서 이제는 아무런 의미가 없는 과거나, 아직 오지도 않은 미래의 상황으로 '지금, 이 순간'을 희생시키지 말라. 이것이 바로 니체와 장자의 가르침이다. 니체와 장자의 철학은 자기애를 바탕으로 '지금, 이 순간'에 충실할 수 있는 '마음의 근육'을 키워준다.

고통은 자기 삶을 풍족하게 할 수 있는 디딤돌

우리가 살아가는 이 시대에는, 정신적·육체적으로 나 자신을 안전하게 보존하기 위해 모든 다양한 상황에 잘 적응하면서도, 나쁜 상황을 견뎌낼 수 있는 면역력을 키우는 것이 중요하다. 그러기 위해서는 모든 가치가 저마다의 장점을 갖고 있다고 생각하는 지혜가 필요하다. 모든 가치를 인정하고 끌어안으라. 이 세상에 불필요한 것은 없다. 니체와 장자의 철학에는 가치의 아노미 상태를 살아가는 우리 현대인들에게 힘이 돼줄 수 있는 주옥같은 명언들이 많다. 고통스러운 현실을 넉넉히 견뎌낼 수 있는 뚝심 좋은 발언들이 숱하게 나온다.

　고통이란 자기 삶을 풍족하게 할 수 있는 디딤돌이라고 생각하는 태도야말로 삶을 일구어나감에 있어 가장 필요한 태도가 아닐까? '삶의 고통을 느끼며 살아가는 동물로서의 인간'이라는 뜻을 지닌 '호모 파티엔스Homo Patiens'를 떠올려보자. 이 말에는 갖가지 고통 속에서 살아가는 현대인의 모습이 잘 녹아 있다. "철학이 시작된 것은 인간이 땅에서 재배된 것을 먹고 소화 불량에 시달렸던 때"라는 말 역시 고통이 깊은 사유를 낳는다는 의미를 담고 있다. 결핍이 고민을 부르고 고민은 사유를 낳는다. 이런 과정을 통해 인간은 강해져왔다. 육체도 두들겨 맞아야 강해지고 정신도 두들겨 맞아야 강해진다. 인간이 다른 모든 동물을 제쳐놓고 오늘날과 같이 진화할 수 있었던 건 역설적으로 인간이 모든 동물 중에서 가장 고통 받는 존재임을 말하는 걸지도 모른다. 견디기 힘든 고통이나 피해가 왔다고 해도 그것이 세상의 끝은 아니다. 세상은 우리가 죽어야 비로소 끝난다. 아무리 큰 상처를 받았다 해도 충격이 가라앉고 신경이 진정되면 새로운 환경에 적응하는 것이 인간이다. 한걸음 물러서서 바라보면 새로운 삶의 유형들이 보이기 시작한다.

체로키 부족의 인디언 치료사 '구르는 천둥'이란 인물이 있다. '구르는 천둥'은 1915년 미국에서 태어났으며, 비를 오게 하는 능력을 지녔다는 전설로 유명한 미국 생태환경 운동의 아버지 격의 인물이다. 그는 미국의 히피 세대와 뉴에이지 운동에 커다란 영향을 주었으며, 반전 세대의 대표 음악가인 밥 딜런, 존 바에즈 등에게 직접 가르침을 전수한 것으로도 유명하다. 공교롭지만, 장자와 니체의 철학도 서양 뉴에이지 운동의 사상적 기반이 된 바 있다. '구르는 천둥'은 이렇게 말했다. "어떤 일이 우리에게 일어나는 것은 그것이 우리의 삶에 필요하기 때문이다. 따라서 그 일이 그곳에 있는 한 우리는 그 길을 따르고 그 길을 존중하고 그 길과 대면해야 한다."

'탈피'하지 못하는 뱀은 죽는다. 우리는 남이나 외부 상황에 휘둘려 살아가는 태도로부터 '탈피'해, 자기 삶의 주도권을 쥐고 원하는 삶을 살아야만 한다. 자기가 하는 일을 삶의 가운데에 놓고 다른 모든 일은 그것을 위한 방향으로 다시 세팅해야만 한다. 중앙아시아의 위구르족 격언 중에 이런 말이 있다. "사람의 나라에서 왕이 되지 말아라. 자신의 나라에서 자신이어라." 또 2019년 2월 19일에 유명을 달리한 전설적인 패션 디자이너 칼 라거펠트Karl Lagerfeld는 이렇게 말했다.

"자기 자신에게 가장 잘 어울리는 삶을 살라. 그것이야말로 궁극적인 럭셔리다."

진정한 '럭셔리'로 무장한 삶을 일구어내는 데 장자와 니체는 훌륭한 안내자가 될 것이다.

차례

제2장
자기실현

제3장
인간과 지성

제4장
허무주의와 무無

제1장
삶과 죽음

왜 우리는 행복을 모르는가? 필요를 충족시키는 길은 여러 가지이며, 결핍은 충족을 위한 조건이다. 무관심은 나를 지키는 수단이며, 고독은 모든 뛰어난 인물의 운명이다. 세상에 머물러 있는 것은 없다. 자신을 사랑하는 사람만이 남을 사랑할 수 있고, 좋은 친구 관계란 쌍방이 스승이 되는 관계다. 고통을 예술로 승화시키는 곳에서 창발성이 태어나니, 자신을 기만하여 헛된 노동에 헌신하지 말라. 위험하게 살 것인가, 순응하며 살 것인가? 죽음은 삶의 완성이고, 시작은 끝인 동시에 시작이다. 있는 그대로의 자기 삶을 사랑하는 자, 진정 자신을 웃으며 경멸할 수 있는 자가 우리가 이루어야 할 완성체, 즉 초인의 모습이다.

1

우리는 행복하다는 사실을

모르기에 불행하다

Nietzsche

결코 후회하지 말라. 후회는 한 가지 어리석음에 또 다른
어리석음을 더하는 것이라고 스스로에게 말하라. 만약 후회할
만한 나쁜 일을 저질렀다면 앞으로는 좋은 일을 하겠노라
다짐하라.

『인간적인 너무나 인간적인 Ⅱ』

莊子

사람의 뱃속에는 빈 공간이 있고, 마음에도 자연스럽게 놀 수
있는 텅 빈 공간이 있다. 마음에 자연스럽게 놀 수 있는 텅 빈
공간이 없으면 눈, 귀, 코, 입, 마음, 지식/지혜 등에 의해 발동한
정욕들이 서로 싸우게 된다. 사람들이 큰 숲속이나 산속을
좋아하는 이유는 정신이 정욕을 견디지 못했기 때문이다.

「외물」

대체로 우리는 '잔잔한' 행복을 '길게' 만끽하는 경우보단 어떤 '고통'에 젖어 있거나, '환희'에 젖어 있는 경우가 많다. '소확행'이라는 말이 유행하는 이유도 작지만 잔잔한 행복을 느끼는 경우가 별로 없다는 반증이다. 사랑이 실종되었으므로 '사랑'을 부르짖듯이 말이다. 사소한 행복은 큰 노력 없이 자신이 이미 가지고 있는 것 가운데 어떤 것을 용기 있게 선택했을 때 찾아오는 것일지도 모른다. 우리는 우리가 행복하다는 사실을 모르기에 불행하다. 행복은 공간적으로나 시간적으로 먼 곳에 있는 것이 아니라는 의미다.

때때로 인간관계 때문에 불행해지는 것은 상대방을 있는 그대로 인정하지 못하기 때문이다. 우리는 미리 거창하게 정해 놓은 자신의 목표를 위해 상대를 개조하려고 할 때가 많다. 하지만 이런 태도는 상대를 사랑하는 것이 아니라 우리가 정해 놓은 목표를 사랑하는 것이다. 왜 자연 대상은 있는 그대로 바라보면서 인간은 있는 그대로 바라보지 못하는 것일까? 어쩌면 '지금 이 순간' 이미 있는 것들을 그대로 바라보며 만족하는 것에 행복의 비밀이 숨어 있는 것은 아닐까?

우리가 바라는 것은 사실상 '실업' 상태다. 일을 하지 않고 살 수 있는 삶을 우리는 희망한다. 바로 그 날이 올 때까지 학교를 다니고, 일을 하고 돈을 벌며, 저축을 하고 또 돈을 빌려 투자를 한다. 어떤 미래의 시기를 위해 지금의 '순간'을 희생한다.

하지만 지금 이 순간 우리로 하여금 계속 바라보고 몰두하게끔 하는 것들이 있다. 흐르는 물, 벽난로 속 타오르는 불꽃, 열어젖힌 창문을 넘어 귓가를 스치는 바람과 비가 온 다음이면 시선을 잡아끄는 눈부시게 푸른 하늘. 추운 겨울날 잠시 앉아 느끼는 흙의 따스함과 모든 것이 고요해진 밤, 온몸에 스며드는 어둠의 아늑함…. 이 '이유 없는 행복'들이 우리에게 은은한 기쁨을 준다.

'후회'는 바로 '이 순간'에 머물거나 집중하지 못하게 하는 대표적인 나쁜 감정이다. 이 순간에 집중한다는 것은 과거에 얽매이거나 미래에 채이지 않는 것을 뜻한다. 라면 중에 가장 맛없는 라면은 '했더라면'이라는 농담도 있다. 현실 그 자체를 충실하게 살고, 하루하루를 행복하게 살면 그것이 곧 영원히 행복하게 사는 것이 아닐까?

17세기 네덜란드의 철학자인 스피노자^{Baruch Spinoza}는 이렇게 말했다.

> "후회는 덕이 아니다. 오히려 어떤 행위를 후회하는 자는
> 이중으로 비참하거나 무능하다. 왜냐하면 처음에는 사악한
> 욕망에, 그다음에는 슬픔에 정복되기 때문이다."
>
> 제4부, 『에티카』

2

필요를 충족시키는 길은

여러 가지이며

최선의 길은 없다

Nietzsche

모든 가치를 평가함에 있어 문제가 되는 건 특정한
'원근법'이라는 통찰이다. 즉, 개인, 집단, 종족, 국가, 교회, 신앙,
문화의 보존을 말한다. 하나의 원근법적 평가가 있을 뿐이라는
걸 망각하기 때문에 모순된 평가와 모순된 충동이 하나의 인간
내면에서 우글대는 것이다.

『권력의지』

莊子

대붕이라는 새의 등은 큰 산과 같고, 날개는 하늘을 덮은
구름과 같다. 대붕은 구름 너머로 올라가 남해로 가고자 했다.
이것을 본 참새 비슷한 작은 새가 비웃으며 말했다.
"저건 대체 어디에 가려고 하는 걸까? 나는 뛰어서
날아오른다 하더라도 몇 길 못 올라가고 내려와 쑥밭 사이를
빙빙 날아다니는 것이 고작인데, 이 또한 날아다니는 것의
극치이다."

「소요유」

니체에 의하면 '원근법주의'란 사실 혹은 진리라고 강조되는 요소들에 대한 일련의 부정적 인식이다. 니체는 원근법주의를 모든 것은 "달리 해석될 수 있는 것이며, 그것은 스스로의 배후에 아무런 의미도 가지고 있지 않으며, 도리어 무수한 의미를 가지고 있다"라고 정의하고 있다.

이런 입장은 장자에게도 짙게 나타난다. 장자에 의하면, 옳고 그름은 항상 양립하며 자신이 처한 입장에 따라 달라진다. 쉽게 이야기해서 자신에게 유용하면 옳고, 그렇지 못하면 그르다고 판단하는 게 인간의 속성이라는 말이다. 선과 악이라고 하는 도덕적 가치 판단도 결코 '사실'이 아닌 하나의 '해석'에 불과한 원근법적 평가라고 본다.

장자의 아포리즘에서 대붕과 작은 새는 각각 자신들의 입장에서 삶을 전망하고 있다. 모든 존재는 자신이 속한 틀의 한계 내에서 세상을 바라볼 수밖에 없으며, 단지 자신이 대상과 관계 맺고 있는 물리적 거리나 심리적 거리에 따라 이것과 저것을 구분할 뿐이다. 관찰은 그 관찰자가 위치한 좌표에 의해 결정된다. 결국 모든 인식이란 인식하는 자의 위치에 따라 내려지는 제약된 해석일 수밖에 없다. 대붕을 비웃는 작은 새는 자신의 입장에서 삶을 바라보고 있을 뿐이다.

장자는 자기 마음이 진정으로 원하는 자연적 욕구를 충족시켜야만 한다고 말한다. 자연 그대로의 마음으로부터 우러난 것이 아닌데도 단지 대외적으로 유의미하다는 이유로 무조건 따른다면, 이는 온전한 덕을 갖추지 못한 것이다.

다음은 『장자』의 「소요유」에 나오는 우화 한 토막이다.

> "'뱁새는 깊은 숲속에 둥지를 지을 때도 나뭇가지 하나면
> 충분하고, 두더지는 넓은 강물을 마신다 하더라도 고작
> 자신의 작은 배를 채우면 그만입니다. 그만 돌아가 쉬십시오,
> 왕이시여!'"

인간은 자기의 생의 조건에 걸맞게 살아야만 진정한 자유를 누릴 수 있다. 장자는 한쪽이 다른 한쪽을 공격할 수밖에 없는 한계를 지적한다. 동시에 이 양방향의 입장이 모두 의미가 있다고 보는 가치의 확장성을 강조한다. 장자는 어떤 필요를 충족시키는 유일한 최선의 길을 제시하려고 하진 않았다. 필요를 충족시키는 길은 다수이며 그 어느 것도 최선의 길일 수 없다.

니체 또한 이렇게 말했다.

> "이것이 나의 길이다. 너희들의 길은 어디 있는가? 나는 내게
> 길을 묻는 자들에게 이렇게 대꾸해왔다. 왜냐하면, 모두가 가야
> 할 단 하나의 길이란 아예 존재하지 않기 때문이다."
>
> 『차라투스트라는 이렇게 말했다』

3

결핍은 충족을 위한 조건이다

Nietzsche

질병은 삶을 위한, 더 풍부한 삶을 위한 자극제로 효과적이다.
나는 나 자신을 포함해, 삶을 새롭게 발견했다. 나는 모든
좋은 것, 다른 사람들이 쉽사리 맛볼 수 없을 사소한 것까지
맛봤다. 내 건강에의 의지와 삶에의 의지를 나는 나의 철학으로
만들었다. 제대로 된 인간은 자신에 유익한 것만을 맛있게
느낀다. 그는 해로운 것에 대한 치유책을 알아맞힐 수 있다.
그는 우연한 나쁜 경우들을 자기에게 유용하게 만들 줄 안다.

『이 사람을 보라』

莊子

지리소라는 사람은 턱이 배꼽으로 가려지고 어깨가 정수리보다
높으며, 상투는 하늘로 뻗어 있고 오장五臟이 위로 올라가 있으며,
두 개의 넓적다리가 갈비뼈와 이어져 있다. 비록 몸이 온전치
않았으나, 그는 징집령이 내려졌을 때 군대에 가지 않아도
되었고, 도리어 정부에서 병자에게 곡식을 배급할 때 어마어마한
양의 곡식과 열 묶음의 땔감 나무를 받기까지 했다.

「인간세」

니체는 사망하기 전 10년의 세월을 병상에서 보냈다. 하지만 건강 문제로 교수직을 휴직하고 요양한 경험이 그의 철학을 살찌웠다. 거주지·기후·음식의 변화, 스위스 산지의 맑은 공기, 이탈리아의 햇살은 그의 건강을 잠시나마 회복시켜주었다. 특히 그는 1879년 3월부터 9월까지 7개월 동안 바젤과 제네바, 취리히, 비센, 엔가딘, 생모리츠, 라이프치히, 나움부르크 등 무려 열여섯 번이나 거주지를 바꾼다. 완전히 방랑자의 삶이다. 그러나 이 방랑 경험이 그의 사유를 숙성시켰다. 연구만이 사유를 깊어지게 하는 게 아니다. 여행 또한 깊은 사유를 가능하게 한다.

"질병은 인식의 수단이고 인식을 낚는 낚싯바늘로써 반드시 필요하다."

『인간적인 너무나 인간적인 I 』

질병은 니체를 세상과 단절하게 만들었지만, 그 단절이 니체에게 새롭고 창의적인 생각을 할 기회를 제공했다. 그때까지 자신을 가두던 낡은 사회적 관습에서 벗어나, 자유로운 사유의 비상을 시작할 수 있게 된 것이다.

장자도 니체와 비슷하게 결핍을 발전적으로 승화시켰다. 장자는 이상적 인간의 유형에 외모가 추하거나 몸이 온전치 않은 이들을 포함시켰다. 그리고 단지 도의 초월적 경계만이 아니라 삶의 생생한 가치들도 함께 끌어안으려 했다.

몸이 불편한 '지리소支離疏'가 건강하게 태어난 사람보다 행복하다는 역설적 발언은 사회적 안전망이 망가져 어디에서도 최소한의 평안함을 보장받을 수 없는 엄혹한 현실에 대한 날카로운 풍자다. 동시에 몸이 불편해 권력의 입장에서는 별 쓸모가 없는 지리소가 그 덕에 오히려 자유로웠다고 말함으로써 권력의 잔인성을 폭로하기도 한다 사실 인간에게 나타나는 불완전함이란 상대적이다. 이를테면 축구장에 곱게 깔린 잔디밭에서는 옥수수가 잡초 취급을 받겠지만, 일반 텃밭에서는 필수 작물일 뿐이다.

생명 그 자체나 자연 사물에 나쁜 원칙이란 존재하지 않는다. 마찬가지로 자연 사물로서의 인간에게도 나쁜 원칙이란 없다. 어떤 형태를 지니든 이미 그 자체로 가치가 있는 것이다. 인간의 불완전한 마음도 마찬가지다. 마음이 비뚤어진 사람을 치료하려는 사람은 비뚤어진 마음을 똑바른 마음이 되도록 고치는 것이 아닌, 비뚤어진 마음을 당사자가 익숙하게 받아들이고 살 수 있도록 도와야 한다. 자연의 눈으로 보면 모든 인간은 나름대로 자기 존재 의의를 지닌다. 원활한 소통이란 자신이 비뚤어져 있다는 사실을 먼저 깨닫고 수용할 때 가능한 것인지도 모른다. 자기가 현재 간직하고 있는 것을 사랑하는 것이 타자와의 소통을 가능하게 한다.

4

무관심은 나를 지키는 수단이다

Nietzsche

아무것도 하지 말라. 병에 걸리면 결코 반응해서는 안 될 때에 가장 맹목적으로 반응한다. 본성의 강함은 반응을 기다리는 일에서 나타난다. 무언가를 행하는 것보다 아무것도 행하지 않는 것이 더 유용하다. 은거하는 철학자, 탁발승의 실천은 올바른 가치 척도에 의한 것이다. 어떤 인간은 자신의 행위를 가능한 한 최대로 저지할 때 그 자신에게 가장 유용하다.

『유고(1888)』

莊子

왕을 위해 싸움닭을 키우는 기성자紀渻子라는 사람이 있었다. 왕은 언제쯤 그 닭이 싸울 준비가 되는지 궁금해 물었지만 기성자는 "아직 안 됩니다", "허세만 부리고 자기 힘을 너무 믿습니다", "상대편 닭의 소리만 들어도 격하게 반응합니다" 같은 식의 반응만 보였다.

한 달이 지난 뒤에야 그는 닭이 이제 싸울 준비가 되었다고 말했다.

"이제는 상대편 닭이 울어도 반응조차 없습니다. 마치 '나무로 만든 닭(목계木鷄)' 같습니다. 다른 닭들이 감히 덤빌 생각을 못하고 도망가 버립니다."

「달생」

장자와 더불어 도가 사상을 대표하는 노자老子는 이렇게 말했다.

"오직 다투지 않으므로, 천하에 그와 다툴 자가 없다."

「22장」, 『노자』

장자의 아포리즘도, 니체의 아포리즘도『노자』와 같은 맥락이다. 전혀 반응이 없는 닭처럼 무덤덤한 태도는 도리어 상대로부터의 공격에서 나를 지켜내는 데 도움이 될 수 있다.

나에 대한 비판이 있을 때나 문제가 발생했을 때 곧바로 반응하는 것은 현명한 태도가 아니다. 엉킨 실타래를 풀려고 하는데 잘 안 풀릴 때는, 짜증을 내면서 풀면 더 안 풀린다. 이럴 때는 다른 곳을 바라보며 잠시나마 숨을 고르는 시간을 가질 필요가 있다. 마음이 차분해진 다음에 다시 풀어보라. 이전보다 잘 풀릴 것이다.

세상을 살아나가는 데 배짱은 중요하다. 하지만 모욕에 매번 반응할 필요는 없다. 여기서 반응이란 온갖 사건과 자극에 반사적으로 감정적인 대응을 하는 걸 말한다. 예를 들자면 욕설에 욕설로 받아치기, 비명 지르기 등이 있다. 하지만 이런 것들은 핑퐁 게임에 빠지게 함으로써 에너지를 소모하는 일이다. 이런 국면에서는 숨을 고르면서 차분하게 자신을 비우는 태도가 필요하다. 에너지 소모전에서는 포문을 열 때가 가장 위험하다. 의식이 산란되다 흐트러지기 때문이다. 그러니 결코 먼저 포문을 열어서는 안 된다.

니체는 '반응하지 않기' 능력을 키우기 위한 교육 계획안을 말하기도 했다.

> "보는 법을 배우는 것. 습관적으로 자신의 시선을 고요함, 인내, 내면 성찰에 집중하는 것, 개별 사례를 검토하는 방법과 각 사례의 모든 측면을 파악하는 법을 배우는 것. 이것은 정신을 중시하는 삶을 위한 준비 과정이다. 자극에 즉시 반응하지 않고, 속박하고 고립시키는 본능을 통제하는 것."
>
> 『우상의 황혼』

충분히 성숙해지기 위해서는 자제할 수 있는 힘을 키워야만 한다. 이것이야말로 진정한 힘이다. 니체는 이를 여성스러운 방식으로 표현하기도 했다. 자기 안에 이런 식으로 힘을 축적하는 것은 임신이 진행되는 방식과도 비슷하다. 우리는 '아무것도 하지 않을 수 있는' 인내심을 가져야 한다. 니체에 따르면, "밝아지고자 한다면 오랫동안 구름으로 머물러야 한다"(『유고(1883)』). 행동의 과잉이라는 경거망동으로 자신의 값어치를 갉아먹는 우를 범해서는 안 된다.

5

고독은 모든 뛰어난 인물의

운명이다

Nietzsche

나는 나 자신을 기다려야 한다. 나의 자아의 샘으로부터
물이 나올 때까지는 시간이 걸린다. 그리고 내가 인내할 수
있는 것보다 더 오랜 시간 갈증을 참아야 한다. 그래서 나는
고독으로 들어간다.

많은 사람들 틈에서 그 사람들처럼 살고, 내 식으로 생각하지
않는다. 그러면 시간이 흐른 뒤 사람들이 나를 나 자신으로부터
추방하고 나에게서 영혼을 빼앗으려고 한다. 그래서 나는 모든
사람들에 대해 악의를 품으며 모든 사람을 두려워한다. 그때
내가 다시 잘 성장하기 위해서는 사막이 필요하다.

『아침놀』

莊子

자기 자신의 그림자를 두려워하고 자신의 발자취가 남는 것이
싫어서 그것으로부터 멀리 떨어지려고 내달린 사람이 있었다.
발을 들어 올리는 횟수가 많을수록 발자취는 점점 많아졌고,
달리는 속도가 점점 빨라질수록 그림자는 몸으로부터
떨어지지 않았다. 오히려 자신의 달리는 속도가 더디기
때문이라고 생각하여 쉬지 않고 질주하다가, 결국 힘이 다해
죽고 말았다. 이 사람은 그늘진 어두운 곳에 있으면 그림자가
없어진다는 것을 몰랐고, 움직이지 않고 조용하게 있으면
발자취가 사라진다는 사실을 몰랐다.

「어부」

"인간은 사회적 동물이다." 아리스토텔레스Aristoteles의 말이다. 그리고 약 2000년 뒤 장 폴 사르트르J. P. Sartre는 말한다. "타인은 지옥이다." 인간은 본디 고독한 존재로 죽음도 철저히 혼자만의 것이다. 따라서 남에게 의존하는 것은 결과적으로 더 큰 고독을 불러일으킬 수 있다. 사랑하는 사람과 헤어지면 괴롭다. 그런데 사랑해서 괴로운 것일까, 의지할 대상이 없어져서 괴로운 것일까? 아니면 소유했던 대상이 사라져서 결핍감으로 괴로운 것일까? 만약 나에 대한 가치 부여가 단단한 상태에서 사랑했고, 또 상대의 가치도 철저하게 인정하면서 사랑했다면 가려는 사람을 덤덤하게 보내 줄 수 있을지도 모른다.

인간은 근본적으로 고독이라는 바다에 떠 있는 하나의 섬이다. 삶을 살아갈 땐 어떤 목적을 실현하기 위해 부산스럽게 움직이며 평생을 노력하고, 그 노력이 좌절되면 자신을 더욱 채찍질하며 목표를 관철하려 한다. 장자는 어부의 입을 빌려 이러한 우직한 태도를 그림자와 발자취가 싫어 내달리는 사람에 비유하고 있다. 우리는 시중에 떠도는 이 말을 기억해야 할 필요가 있다. "바쁘다고 서두를 때 빨리 가는 곳이 있다. 바로 공동묘지다."

니체는 인간이 진정으로 위대해지기 위해서는 고독해져야만 한다고 생각했다. 니체가 말하는 고독은 단순히 은거하여 홀로 지내는 것이 아니다. 여론이나 일반적인 가치관에 지배되지 않고 독립적인 자세를 유지하는 것이다. 그러나 많은 사람들이 고립을 두려워하며 세상의 여론이나 일반적인 가치관에 동조한다. 그런 사람들은 엄습하는 공허함의 원인이 보다 자극적이고 보다 신선한 사건이 존재하지 않기 때문이라고 생각하고, 공허함과 권태에서 벗어나기 위해 부단히 바쁘게 지내려고 한다.

현대인들은 군중 속의 고독을 두려워하지만 혼자 고요히 있는 것이 도리어 유익한 경우가 많다. 늘 사람들과 같이 있다 보면 심지어 최고의 사람들이 곁에 있다 해도 불필요한 피로를 느낄 수 있다. 하지만 고독은 훌륭한 친구다. 고독은 상대방이나 외부 세계에 대한 지나친 관심을 거둬들이는 기술이며, 그만큼 자기 자신에게 더욱 몰입하는 훈련이다. 주변이 나를 '홀로' 만들어도 아쉬워하지 마라. 고독은 힘을 비축하게 해준다.

니체가 한때 좋아했던 쇼펜하우어A. Schopenhauer는 이렇게 말했다. "고독은 모든 뛰어난 인물의 운명이다." 니체가 좋아했음직한 말이다. 18세기 전반기 프랑스 사상가 보브나르그 Luc De Clapiers, marquis de Vauvenargues의 말처럼 "고독이 정신에 미치는 영향은 음식이 육체에 미치는 영향과 같다". 이 말 또한 니체가 좋아했을 것 같다. 니체의 관점에 따르면, 뛰어난 인물들은 높은 이상의 소유자였으며 모두 그 시대보다 앞선 사람들이다. 그들의 사상과 계획이 보통 사람들에게 이해 받지 못했기 때문에, 그들은 고독했다.

6

세상에 머물러 있는 것은 없다

Nietzsche

정신은 어떻게 낙타가 되고, 낙타는 어떻게 사자가 되며,

사자는 어떻게 마침내 어린아이가 되는가.

정신에게는 참고 견뎌야 할 무거운 짐이 허다하게 많다. 이

정신은 낙타처럼 자신의 사막으로 서둘러 달려간다. 그곳에서

사자로 변한 낙타는 새로운 창조를 위한 자유를 쟁취하고,

어린아이로 변신해 기어이 새로운 가치를 창조해낸다.

어린아이는 순진무구하고 새로운 시작과 놀이, 스스로의 힘에

의해 돌아가는 바퀴다.

『차라투스트라는 이렇게 말했다』

莊子

내가 너에게 가르치는 것은 일순간에 지나지 않고 네가 나에게

배우는 것 역시 일순간에 지나지 않는다. 그러나 너는 전혀

슬퍼할 필요가 없다. 비록 옛날의 나는 사라지고 없더라도

영원히 새로 태어나는 나는 항상 존재하기 때문이다.

「전자방」

니체는 '변화된 자'가 되기까지의 과정을 '낙타—사자—어린아이'라는 재미있는 비유로 설명한다. 여기서 낙타란 특정한 가치에 매몰되어 그 무게에 짓눌려 있는 자다. 또한 '아니오'라고 말하지 못하는 정신이며, 노예의 도덕을 내면화한 존재다. 비록 자유를 원하기는 하지만 자유를 위해 싸우지 못하는 존재이기도 하다. 그런데 가만히 보면 그들은 착해 보이기는 한다. 시키는 대로 잘 따르기 때문이다. 하지만 낙타 같은 인간형은 그저 현재의 상태를 유지하는 것에만 관심 있다. 니체의 표현을 빌리자면, '창조적인 번개의 웃음'을 잃어버린 채 살아가는 가련한 인간형이다.

반면 사자는 기존의 가치에 의문을 제기하며 힘차게 자유를 부르짖는다. "더는 시키는 대로 남의 짐을 지지는 않겠다" 라고 말이다. 그러나 단순한 비판을 넘어 새로운 가치를 창조하는 존재로 변화하는 것은 사자가 어린아이가 되어야 가능해진다. 물론 여기서 말하는 어린아이가 일반적인 의미의 어린아이는 아니다. 이 아이는 근원적 힘을 끌어올릴 수 있는 근원을 상징한다. 어린아이는 정해진 규칙대로 움직이지 않는다. 그리고 끊임없이 자신의 세계를 창조한다. 자신의 삶을 하나의 유희로 받아들이고, 아무런 목적이 없는 영원회귀의 삶을 긍정한다. 이 존재는 부정과 긍정, 선과 악, 미와 추를 넘어서 있는 그대로의 세계를 향유한다. 장자가 말하는 어디에도 얽매이지 않고 자연적 본성에 충실한 삶을 살아가는 신인神人과 같은 존재다.

아내가 죽었을 때, 장자는 두 다리를 뻗고 앉아 노래를 불렀다. 그리고 이를 타박하는 혜시에게 이렇게 대답했다.

"아내가 태어나기 이전의 근원을 헤아려보면 삶도 없고, 기氣도 없었다네. 흐릿하고 어두운 것 속에 섞여 있던 게 자연의 변화에 의해 기를 낳고, 그 기가 변화해 형체가 있게 되었으며, 형체가 변화해 삶 또한 있게 된 것이야. 그것이 지금 또한 변화해 죽은 것이니, 마치 춘하추동이 서로 번갈아가며 순환하는 것 같지 않은가? 아내는 천지라는 거대한 방 안에서 편안히 잠자고 있는 것뿐이네."

「지락」

세상에 영원히 머물러 있는 것은 없다. 따라서 붙잡는 것은 아무 의미가 없다. 어릴 때에 인생의 진리라고 생각한 것이 청년기까지 진리이기 어렵고, 청년기에 확신한 것이 노년기까지 유지되긴 어렵다. 매일 새로운 경험치가 쌓여 나가는 가운데에서 옳고 그름은 지속적으로 바뀐다. 변화의 영원성을 인정하는 것이야말로 이 세계를 이해하는 출발점이다.

7

자신을 사랑하는 사람만이

남을 사랑할 수 있다

Nietzsche

사람들이 나를 어떻게 생각하는지, 나에 대해 하는 이야기는
어떤 것인지를 매일 듣게 된다면 아무리 강한 사람이라도
파멸할 수밖에 없다. 다른 사람들은 매일 우리에 대해 판결을
내리기 위해 우리를 살려 둔다. 우리가 칭찬이나 비난을 받거나
기대나 희망의 대상이 된다고 해도 거기에 귀 기울이지 말자.

『아침놀』

莊子

내가 말하는 선함이란 세상에서 흔히 말하는 인의가 아니라,
자연 그대로의 본성에 자신을 맡긴다는 것을 의미한다. 자기
자신에게 내재되어 있는 자연스러운 본성에 따라 보지 않고
상대방의 관점에 휘둘려 보고, 자기 자신에게 충실하여
자연스럽게 만족하는 것이 아닌 상대방의 입장에 사로잡혀
만족하는 사람은, 남의 만족에 만족할 뿐 자기 자신의 진정한
만족을 하지 못하는 사람이다. 이런 사람은 남의 길을 따라갈
뿐 주체성을 가지고 자기 자신의 길을 가지 못하는 자유롭지
못한 사람이다.

「변무」

타고난 본성은 하나로 정해진 게 아니라서 사람마다 다르게 나타난다. 같은 물이라도 소가 먹으면 젖이 되고 뱀이 먹으면 독이 된다. 인간은 자기가 서 있는 좌표에 의해 세상을 판단할 수밖에 없다. 우리는 우리의 방식을 통하여 우리 자신의 근거를 세워야만 한다. 자신이 유일무이한 존재라는 사실을 자각하는 자만이 타자들 또한 유일무이하다는 사실을 인정할 수 있다.

자기를 소중하게 생각하지 않는 사람은 남 또한 소중하게 생각하지 않는다. 자신을 사랑하는 사람이야말로 남을 사랑한다. 자신을 경멸하는 사람은 남도 경멸하기 쉽다. 평범한 인간관계에서도 열등감이 강한 자들은(이는 곧 자기를 사랑하지 않는 자들인데) 자기의 결핍을 남에게 전가할 가능성이 크다.

남을 섣불리 이롭게 하려는 것 자체가 오히려 남을 괴롭히는 일일 수도 있다. 자기 입장에서 상대를 위한다고 생각한 것이 반드시 상대에게 보탬이 되리라고 보장할 수는 없기 때문이다. 모든 인간관계는 상대를 통해 어떤 것을 충족시키려고 할 때 잘못되기 시작한다. 저녁형 인간인 자식에게 아침형 인간인 부모가 일찍 일어나길 강요하는 데서 반항이 출발하는 법이다.

중앙아시아의 위구르족 격언에는 "사람의 나라에서 왕이 되지 말라. 자신의 나라에서 자신이어라"라는 말이 있다. 내 모든 경험은 타인과는 공유할 수 없는 나만의 관점을 통해 형성된 것이다. 나만의 개인적인 경험을 믿어야만 한다. "객관성은 주관적이다"라는 말도 있다. 나 말고는 아무도 내 관점을 경험할 수 없다. 세상에 대한 내 '객관적' 지식이 처음부터 끝까지 나에 의해 구성되었다는 것을 알고 나면, 내 주변의 세상이 더 경이롭게 느껴질 수 있다.

내가 구성한 세상은 내가 읽은 책, 내가 만난 사람, 내가 한 경험에 영향을 받는다. 나는 어느 누구와도 다른 나만의 눈으로 세상을 보고, 내가 사는 세상은 어느 누가 사는 세상과도 같지 않다. 따라서 내가 누구인지, 삶이 내게 무엇인지를 내가 아닌 외부의 관찰자가 판단하도록 하는 것은 현명한 태도가 아니다. '일단은' 주관성이 일차적인 경험이다. 이것이 바로 나의 진짜 삶이고, 객관성은 이것을 설명하기 위해 우리 각자가 개인적인 경험 위에 구성한 것이다.

니체와 장자는 '개인'의 독립된 가치를 특별히 강조했다. 요즘에는 1인 가족이 늘어나는 추세다. 캠핑이나 여행을 할 때도 예전과는 달리 홀로 여행하거나 캠핑하는 사람들이 많아지고 있다. 현대인들은 갈수록 '자기 영역'에 커다란 가치를 부여하고 있다. 니체와 장자의 말은 이런 현대인에게 홀로 유유자적한 삶을 누리며 살아갈 수 있는 힘이 되어줄 것이다.

8

좋은 친구 관계란 서로가

스승이 되는 관계다

Nietzsche

좋은 우정은 상대방을 자신보다 더 존중하고, 자신만큼은
아니더라도 상대방을 사랑하는 경우에 성립한다.

『인간적인 너무나 인간적인Ⅱ』

莊子

장자가 어떤 이의 장례식에 참석하고 돌아오는 길에 혜자의 묘를
지나면서 하인에게 말했다.

"초나라 사람이 자기 코끝에 하얀 흙을 마치 파리 날개처럼
얇게 바르고 장석匠石에게 깎아내게 했다. 장석은 도끼를
치켜들고 바람소리가 나도록 휘둘렀으나 흙은 깎여 없어져도
코는 조금도 상처를 입지 않았고, 초나라 사람도 얼굴색 하나
바꾸지 않았다. 이 이야기를 들은 송나라의 원군元君이 장석을
불러서 자신에게도 똑같이 해보라고 말했다. 그러자 장석이
말했다. '예전이라면 가능했겠지요. 하지만 지금은 그 기술의
근원이 되는 초나라 사람이 죽어버려서 안 됩니다.' 혜자가
죽으면서부터 내 이론의 근원이 없어져 버린 것 같다. 나는 이제
함께 이야기를 나눌 상대가 없다."

「서무귀」

장자는 같은 송나라 출신이면서 위나라 재상을 지낸 혜시惠施
와 친했다. 장자는 도가사상의 대표이지만, 혜시는 명가名家 사
상가였다. 장자의 역설적인 어법들은 명가의 어법과 많이 닮아
있다.

성향이 다른 사상들이 맞붙으면서 서로에게 영향을 주고
받는 현상은 동서고금을 막론하고 흔하다. 특히 장자가 혜시로
부터 명백하게 영향을 받은 부분은 '역물십사歷物十事'의 일부
관점이다. 이 역물십사의 내용 가운데에는 "해는 정오가 되었
을 때 기울고, 만물은 생겨났을 때 죽는다"라는 표현이 있다. 혜
시에 의하면 모든 만물은 예외 없이 변하여 자기의 반대쪽으로
전회하기 마련이다. 창공에 있는 붉은 태양은 반드시 서쪽으로
기울고, 만물은 싹터서 생겨나지만 반드시 소멸하여 사라진다.
그리고 이 사라짐은 다시금 생겨남으로 바뀐다. 어떤 개념이든
지 모두 자기의 부정적인 면을 포함하고 있으니 생이라는 개념
은 곧 죽음의 추세를 포함한다. 바로 이러한 관점을 장자는 혜
시로부터 영향받았다.

『중국의 과학과 문명』의 저자로 유명한 조지프 니덤Joseph
Needham에 의하면, 장자의 전체 철학의 관점에서 볼 때 가장 중
요한 사건은 혜시와의 교우 관계다. 장자가 혜시를 비롯한 명
가를 비판한 것은 분명한 사실이며, 『장자』에서도 장자와 혜시
가 대립각을 세우는 장면이 여러 곳에서 나온다. 하지만 장자는

혜시로부터 많은 영향을 받았으며 혜시가 죽자 깊은 슬픔에 빠졌다.

한편 니체는 이웃 사랑에 대해 비판적이었다.

"나는 너희들에게 이웃 사랑을 권유하지 않겠다. 너희들은
도리어 먼 곳에 있는 사람들을 사랑하여라. 나는 이웃이 아니라
벗을 갖도록 가르칠 것이다. 벗이야말로 이 땅에서의 축제여야
하며 위버멘쉬를 예감케 하는 어떤 것이어야 한다."

『차라투스트라는 이렇게 말했다』

니체에 의하면, 진정한 우정이란 서로 부화뇌동하는 관계가 아니라 서로의 길을 인정하는 관계다. 나를 위한 것이 곧 너를 위한 것이고, 너를 위한 것이 곧 나를 위한 것이 되는 관계가 되어야 한다. 진정한 친구란, 비록 나와 가치관이 다를지라도 나의 사고를 확장하고 나의 길을 꿋꿋하게 가도록 고무시켜주는 존재다. 나 또한 상대에게 그런 존재가 되어야 한다. 서로가 자기를 찾기 위한 과정의 동반자로 역할을 하는 관계, 니체는 이것이야말로 건강한 친구 관계라고 말한다.

9

창발성이란 고통을 예술로
승화시키는 능력이다

Nietzsche

그대들은 고통에 대한 훈련이야말로 인류를 위대하게
해준다는 사실을 아는가? 영혼의 힘을 키워주는 불행
속에서 영혼이 느끼는 긴장, 불행을 짊어지고 해석하는
영혼의 독창성과 용기, 깊이, 비밀, 가면, 정신, 간사한 꾀,
뛰어남이야말로 고통받는 영혼에게 주어지는 것이다.

『선악을 넘어서』

莊子

지금 그대는 큰 나무를 갖고 있으면서도 쓸데가 없어 걱정하고
있다. 그렇다면 어째서 그것을 무하유無何有의 마을(아무것도
없는 곳)이나 들판에 심고서, 그 곁에서 방황하며 잠이라도 자지
않는 것인가? 그러면 그 나무는 도끼에 찍혀 죽을 리도 없고
아무것도 해를 끼치지 못한다.

「소요유」

'호모 파티엔스Homo patiens'라는 말이 있다. 삶의 고통을 느끼며 살아가는 인간이란 의미다. 이 말에는 갖가지 고통 속에 살아가는 현대인의 모습이 녹아들어 있다. 또, 행복이란 감기에 걸렸을 때 약을 먹고 증상이 완화된 것에 불과한 것이라고 비유할 수도 있다. 우리가 감기에 걸렸을 때, 약을 먹고 몸 상태가 좋아졌다 하더라도 사실은 감기가 완치된 것이 아니다. 우리는 늘 감기에 걸려 있으며 단지 매 순간 감기 증상을 참아내며 살고 있을 뿐이다. 면역력이 약화되면 우리 몸에 이미 들어와 있는 감기 기운이 다시금 왕성한 활동을 시작한다. 바꿔 말해, 우리는 항상 고통 속에서 살아갈 수밖에 없으며, 가끔 찾아오는 행복은 잠시 감기의 증상이 완화된 것일 뿐이다. 이 비유는 우리가 고통 속에서 살아갈 수밖에 없다는 비관적인 전망이 아닌, 고통이라는 것을 무조건 피해야만 할 대상으로 삼아서는 안 된다는 가르침을 담고 있다. 고통은 인간의 자기 극복에 기여할 수 있는 잠재력으로 전환되어야 비로소 의미가 생긴다. 고통이 찾아오면 그것을 승화시켜야 한다.

니체에 의하면, 우리 인간은 고통을 통해 위대해진다. 자신의 지성을 활발하게 운용하여 자신의 힘을 고양시킬 수 있는 세계 해석을 창조해야 한다. 슬픔과 고통, 고난이 닥치더라도 이를 오히려 긍정적으로 해석할 수 있는 강한 시선으로 보는 것이다. 여기에 필요한 것이 바로 예술적인 창조성이다. 우리의 영혼은 고통과의 대결에 의해 더 강해지고 더 깊어진다. 문화적 발전의 양과 질도 고통의 양과 질에 비례한다. 진정으로 강한 사람은 남을 배려할 줄 아는 부드러움을 품고 있는 법이다.

장자의 고통에 대한 처방도 비슷하다. 장자는 삶의 고통을 무위자연으로 승화시키고자 했다. 그는 생명을 보존하기조차 힘겨운 시대적 한계 상황, 과도한 논쟁과 갈등에 대한 염증, 미래에 대한 불안감에 어떻게 대처해야 할지 고민했다. '무하유의 마을'은 현실적인 고통을 '환상'이라는 예술의 지평으로 극화한 것이다. 장자가 설파한 여러 환상적인 우화들은 암울한 현실에 대한 문제의식과 그것을 극복하고자 하는 목적의식에서 나온 것이다. 그리고 이러한 환상이라는 '거짓'은 현상 세계의 전반적인 거짓과 허위를 견딜 수 있도록 해준다. 바로 예술의 기능이다.

무하유의 마을은 모든 외부적인 자극을 없앤 상태에서 찾아오는 공허함 자체를 하나의 공간으로 표현한 개념이다. 어떤 이에게는 황무지일지라도 다른 이에게는 놀이공원이 될 수 있다. 무하유의 마을은 외부의 위험에 노출된 한 개체가 이 위험성을 무위에 의해 제거하는 일종의 행복한 보호막이다. 무하유의 마을에서 지내는 것은 자유롭고도 즐거우며 스스로에게 존재할 가치를 부여해 주는 우아한 고독이다.

10

노동에 대한 찬사는 자기를
기만하는 행위다

Nietzsche

인격이 아니라 나사 부품이 되다니! 오히려 그대들이 해야
하는 일은 얼마나 많은 내면적인 가치가 외면적인 목표를 위해
희생되는지 대차대조표를 제시하는 것이다.
지금부터 유럽의 노동자들은 하나의 계급으로서 존재하는
자신의 모습을 어떤 인간도 참을 수 없을 것이라고 말해야만
한다. 일반적으로 이야기하듯 단지 가혹하고 불합리하게
조직된 것이라고 말해서는 안 된다.

『아침놀』

莊子

말은 발굽이 있어 서리나 눈을 밟을 수 있고, 털이 있어
바람이나 추위를 막을 수 있다. 마음대로 풀을 뜯고 물을
마시며 깡충거리고 뛰논다. 이것이 말의 본성이다. 그러던
차에 최고의 말 조련사가 나타나 자신이 좋은 말을 만들겠다고
선언했다. 그는 말의 털을 지지고 깎으며 발굽을 깎아내고,
인두로 찍었다. 그러자 말의 20~30%가 죽었다. 이번에는
먹이를 주지 않고 물도 안 준 채 달음박질을 시키고 명령에만
복종하게 했다. 그러자 말의 반이 죽고 말았다.

「마제」

현대인들은 소비와 향락을 얻는 대가로 흔쾌히 사회를 위한 소모품이 된다. 기계처럼 열심히 일하고 힘이 고갈되면 향락에 빠진다. 이 경우에는 자기 주도적인 삶을 모색하는 것이 아니라 사회의 유용한 부품이 되기 위해 안간힘을 쓴다.

니체는 노동에 대한 찬사를 자기 기만이라고 생각했다. 노동에 몰두하는 것은 현대인들이 현실에서 느끼는 고통이나 불만을 완화하기 위한 마취제라고 말했다. 기계적인 계획에 따른 구속이 서서히 신체에 퍼져나가 각 부분을 마음대로 지배하고 사용할 수 있게 한 것이다. 이러한 구속은 습관이라는 무의식적인 동작을 통해 암암리에 그 작용을 계속한다. 그 결과 인간은 스스로 순종적인 존재가 되어 조직의 그물코 속에 자기를 걸어둔다. 기계적인 활동, 규칙에 대한 생각 없는 복종, 그리고 시간의 분할을 통한 효율성의 극대화는 개인을 개별화하고 기계적인 신체처럼 움직이도록 하여 조직에 더욱 순응할 수 있는 존재로 만들어간다.

노동은 부지런함과 성실함이라는 외투를 뒤집어 써 신성함을 가장한다. 그리고 이렇게 신성해진 노동 앞에서 현대인들은 시간이 흘러가는 것을 아까워하며 늘 시간이 부족하다고 초조해한다. 그러나 정작 '진정한 자기'의 발견을 위한 시간은 내지 않는다. 니체는 사람들이 노동에 쓸 에너지를 정신의 성숙과 독립을 위해 써야 한다고 주장했다. 지금 같은 '조직의 그물코' 안에서 자기 주도적인 사유는 진행되기 어렵고, 동일한 규격제품에 대한 동일한 욕망을 재생산하는 '좀비'만 늘어날 뿐이다.

장자도 말했지만 자연스럽게 성장하는 야생의 말 같은 존재가 가장 건강하다. 어떤 대상이든 특정한 목적을 가지고 인위적으로 다루면 피폐해지기 마련이다. 학생들을 보라. 대학이라는 조직에 입학하기 직전까지는 수능-내신 인간으로 살았으며, 대학에 들어와서는 학점-스펙 인간으로 살아간다. 졸업하고 직장이라는 조직에 들어가면 또 어떠한가. 연봉-승진 인간이 되어버린다. 우리는 평생에 걸쳐 더 많은 돈, 더 많은 권력, 더 이기적인 미모, 더 많이 사랑받음을 끊임없이 욕망한다. 욕망을 충족하는 것이 곧 행복이라고 착각하며 말이다. 이런 욕망하는 인간, 인간의 행복에 대해 '무엇'을 발언해야 하는가? 장자의 말을 더 들어보자.

> "고생해서 열심히 재물을 모으지만 다 쓰고 죽는 자는 없다.
> 그렇다면 굳이 고생해가며 재물을 모을 필요가 어디에 있는가?
> 지금 가지고 있는 직위를 유지하기 위해 밤낮을 가리지 않고
> 노력하는데, 그러다가 쓰러지기라도 하면 그 직위가 무슨 소용이
> 있는가? 태어나면서부터 인간에게는 근심과 걱정이 따라다닌다.
> 오래 살면 살수록 근심과 걱정은 많아지는데, 장수하게 된다면
> 그 고통을 어찌 감당하려는가?"

「지락」

11

위험하게 살기

vs

순응하여 살기

Nietzsche

믿어보자. 가장 위대한 풍요와 가장 큰 즐거움을 끌어낼 수
있는 비법은 바로 '위험하게 살기'다. 당신의 도시를 베수비오
화산 위에 건설하라! 당신의 배를 아직 탐험 되지 않은 바다로
출항시켜라! 당신 자신과 투쟁하라!

『즐거운 학문』

莊子

교묘한 재주가 많은 자들은 몸이 수고롭고 지식이 많은 자들은
근심이 많다. 도리어 무능한 자가 괴로운 일도 없고 배불리
먹으면서 유유히 논다. 마치 묶어놓지 않은 배처럼 둥둥
떠다니고 마음을 텅 비워 놓는다.

「열어구」

니체는 이렇게 말했다.

"전쟁은 모든 좋은 일의 아버지이며 또한 좋은 산문의 아버지다."

『즐거운 학문』

니체에 따르면, 위험은 필연적으로 우리를 강하게 만든다. 창조를 솟아오르게 하는 것은 늘 내적 모순, 두 극단 사이의 긴장, 경쟁, 대립된 갈망이다. 문체는 산문과 시의 갈등에서 태어나며, 위대한 산문작가는 동시에 시인이다.

갈등과 고통으로부터 창조가 가능하다는 또 하나의 예로, 재즈라는 독특한 음악 장르를 말할 수 있다. 재즈는 철저히 고통 속에서 잉태됐다. 초기 재즈를 완성시킨 사람들은 크레올 Creol 이라고 불렀다. 이들은 아프리카 흑인 노예와 프랑스 백인 사이에서 태어난 혼혈인들이다. 과거 프랑스 점령지였던 미국 남부인 뉴올리언스 지방에서 살았으며, 이들 가운데 일부는 유럽에서 교육을 받은 사람들도 있었다. 크레올은 아프리카 특유의 열정적인 타악기 음률과 백인음악, 특히 구슬픈 정서를 담은 유럽의 집시 음악을 융합했다. 이것이 초기 재즈의 기초가 되었다. 이렇게 크레올을 비롯한 재즈 탄생의 주역들은 고통으로부터 새로운 장르의 음악을 탄생시켰다. 게다가 재즈 특유의 즉흥 연주는 이들 대부분이 악보를 제대로 읽어낼 수 없었기 때문이라는 설도 있다. 악보를 볼 수 없는 결핍이 새로운 방식의 음악 스타일을 창조하게 한 것이다.

'위험하게 살기'를 강조한 니체와 달리, 장자는 '순응하여 살기'를 내세운다. 장자에 의하면 우리는 사회적 인간관계로 인한 이해관계에 매몰되어서는 안 되며, "마치 묶어놓지 않은 배처럼 둥둥 떠다니고 마음을 텅 비워 놓고" 유유히 놀아야만 한다. 장자가 강요하는 건 어떤 격정이 아니라 고요함이다.

장자가 말한 유희의 경지는 자신을 억압하는 잘못된 현실을 벗어나는 하나의 방법으로, 이것은 현실도피가 아니다. 고통이라는 걸림돌을 다른 방향의 디딤돌로 만든 것이다. 이런 유희의 경지는 현대를 살아가는 우리들에게 의미 있는 지침을 준다. 원하지 않는 어떤 것이 있을 때 이것을 내면으로부터 몰아내려고 너무 노력하지 말아야 한다. 내가 원하지 않는 것을 밀어내면 낼수록 다른 원하지 않는 것들이 나에게 몰려올 수 있다. 왜냐하면 고통에서 벗어나겠다는 생각 자체가 고통을 생각하는 원인이 되기 때문이다. 마치 불면증에 시달리는 사람이 그것으로부터 벗어나려고 몸부림치면 칠수록 잠이 더 안 오는 것처럼 말이다. 이럴 때는 벗어나려는 생각 대신 다른 성격의 일에 집중하는 것이 좋다. 유희를 중시한다는 것은 절대 자유와 조화의 세계를 자기 내면에 만드는 것이다. 이것은 현실의 고통을 가라앉게 하면서 자기 내면을 아름답게 꾸며준다.

12

죽음은 삶의 완성이다

Nietzsche

죽음과 삶은 모순적이지 않다. 도리어 죽음은 삶의 완성이다.
다시 생겨날 수 있기 위해서는 소멸하기를 원해야 한다. 한
날에서 다른 날로. 백 개의 영혼을 통한 변모, 그것이 너의 삶,
너의 운명이 되도록 하라.

『차라투스트라는 이렇게 말했다』

莊子

한번 사람으로서 형상을 부여 받았다면, 자신의 생명을 해치지
말고 자연스럽게 죽음을 기다리도록 하자.

「제물론」

인간은 늘 남과의 사회적 관계에서 불안을 느끼곤 하지만, 이와는 차원이 다른 보다 근원적인 불안이 있다. 바로 '죽음 자체'에 대한 불안이다. 사르트르J. P. Sartre 의 표현을 끌어와 보면 인간은 불안으로부터 도피하려고 하지만 성공하지 못한다. 왜냐하면 인간 자신이 바로 불안의 근원이기 때문이다. 이 근본적인 불안감으로부터 불사不死와 영원의 꿈이라는 싹이 튼다.

니체와 마찬가지로 장자도 불사를 추구하는 것을 비판했다. 흔히 장자 사상을 도교의 불로장생과 연결 짓는 경우가 많은데, 이는 장자의 본의에 배치되는 관점이다. 늙지 않고 오래 살려는 충동은 곧 삶에 대한 집착이다. 장자는 죽음에 대해 공포를 느낄 필요가 없다고 말함과 동시에, 삶에 대해서도 결코 집착해서는 안 된다고 말했다.

니체에 의하면 모든 인간은 죽는다는 사실 때문에 오히려 삶이 더욱 가치 있어진다. 인간이 죽는다는 사실로 인해 순간 순간이 더 소중하고 귀중한 의미를 지닐 수 있는 것이다. 물론 '죽음'은 인간에게 가장 강렬하게 다가오는 개념이면서 최고의 불안감을 유발시킨다. 우리는 흔히 "나는 죽는다"라고 말하는 대신 "사람들은 죽는다"라고 둘러대곤 한다. 이 말 속에는 '나는 죽음과 직접적인 관계가 없다'는 희망 어린 착각이 스며들어 있다. 이렇듯 우리는 죽음을 떠올릴 때 되도록 피해가거나 거리를 둔다. 나아가 종교에 귀의하는 것을 통하여 죽음을 초월하려고도 한다. 영국 철학자 허버트 스펜서 Herbert Spencer 도 말한 바와 같이 인간은 "삶이 두려워 사회를 만들고 죽음이 두려워 종교를 만든다."

　하지만 죽음을 적극적으로 대면하여 자신의 삶에 의미를 부여할 때 우리는 행복해질 수 있다. 죽음은 우리가 삶 속에서 부딪치는 여러 괴로운 일들을 시시하게 여기도록 해준다. 죽음만큼 두려운 대상은 없기 때문이다. 다시 말해 죽음을 떠올리게 되면 일상생활 속의 산만한 욕망들은 하찮은 것으로 치부된다. 죽음이라는 주제는 우리로 하여금 삶의 소중함을 일깨워준다. 죽음은 곧 삶의 조건이다. 그리고 죽음은 우리 모두를 서로 연결시켜 준다. 주위 사람들이 얼마나 소중한지 일깨워주고, 주어진 것에 감사하게 한다. 만약 우리가 내일 당장 죽는다면 오늘 하루가 얼마나 소중하게 느껴질까? 또 만약 내가 미워하는 사람이 있는데 그가 내일 죽는다는 사실을 알게 돼도 그를 계속 미워할 수 있을까?

13

시작은 끝인 동시에 시작이다

Nietzsche

모든 것은 가고 또 돌아온다. 존재의 수레바퀴는 영원히 돌고
돈다. 모든 것은 죽고 또 다시 피어난다. 존재의 세월은 영원히
흐른다. 모든 것은 꺾이며 다시 이어간다. 영원히 똑같은
존재의 집이 세워진다. 모든 것은 헤어지며 모든 것은 다시
만나 인사한다. 모든 순간에 존재는 시작된다. 모든 '여기'를
중심으로 '저기'라는 공이 회전한다. 중심은 어디에나 있다.
영원이라는 오솔길은 굽어 있다.

『차라투스트라는 이렇게 말했다』

莊子

천지의 사시四時에는 소멸과 생장이 있고 만물에는 가득 참과
텅 빔이 있으며, 밤과 낮은 서로 교대한다. 생명은 형체가 없는
작용에서 싹터 나오고 죽음은 이 형체가 없는 작용으로 다시
돌아간다. 처음과 끝은 마치 둥근 고리와도 같이 서로 영원히
되풀이 되어 그 끝을 알 수 없다.

「전자방」

장자는 "처음과 끝이 마치 둥근 고리와도 같이 순환하며 그 이치를 알 수가 없는"것을 '천균'天均, 자연의 균형이라는 만물제동의 원리이라고 했다. 장자의 근원적 도를 향한 인식과 만물의 순환은 들뢰즈G. Deleuze의 표현을 빌리자면 '차이'를 통한 반복이다. 이는 영원한 반복 자체를 적극적으로 긍정하는 사고로, 니체의 영원회귀 사유와 비슷하다.

니체와 장자는 새로운 가치를 창조하는 근원적 힘과 그 힘의 원인과 결과 간의 무한 순환을 중시했다. 이들의 순환 세계관에 나타나는 반복에는 결여와 채움 사이의 유희, 죽음과 삶 사이의 유희, 선과 악 사이의 유희 등 상반된 영역 간의 유희가 동시에 존재한다. 이것은 플라톤이 말하는 회귀와는 다르다. 플라톤적 회귀의 지점은 '이데아'라는 완결된 모습이다. 하지만 니체와 장자의 회귀란 어떤 완결된 곳을 말하는 게 아니라 다시금 현실로 돌아오기 위한, 비움과 채움 간의 순환 관계다.

생장과 소멸이라는 끝없는 순환에 대한 강조는 특별한 존재로 스스로를 규정하려 하는 인간 일반에 대한 비판이다. 마치 서양 고대의 신화에 나오는 거대한 뱀인 우로보로스Uroboros가 자신의 입(시작)으로 끊임없이 자기의 꼬리(끝)를 먹어 치우듯, 시작과 끝 혹은 삶과 죽음은 영원히 순환한다.

장자의 순환론은 불교의 윤회와도 일정부분 통하는 부분이 있지만 근본적으로는 다른 성격을 지닌다. 윤회는 인과론적 관계에 의해 개체 간의 업보의 이동이 있지만, 장자의 순환론은 모든 개체들이 인과 관계 없이 생멸한다. 이러한 관점은 영원한 반복 자체를 적극적으로 긍정하는 사고다.

니체에 의하면, 존재의 수레바퀴는 영원히 생겨나고 또한 영원히 철거된다. 장자에게도 처음과 끝은 마치 둥근 고리와도 같이 순환하고, 만물의 변화는 예로부터 영원히 진행한다. 여기에서 존재는 매순간 다시 시작되며, 복귀의 목적도 복귀 자체에 있는 것이 아닌 '매순간'의 창조에 있다.

겨울이 긴 북유럽이나 북미 지역에는 아이스 호텔이라는 관광 사업이 있다. 해마다 겨울이면 조각가들이 여행자들을 위해 강가의 얼음으로 호텔을 만든다. 봄이 되면 이 호텔은 물이 되어 본래 있던 곳인 강으로 되돌아가지만 다시 이듬해가 되면 새로운 아이스 호텔이 세워진다. 매년 참여하는 예술가들의 다른 '힘에의 의지'에 의해 매번 다른 모양의 아이스 호텔이 만들어지고, 이 호텔은 봄과 함께 모두 자신의 근원지인 강으로 다시 흘러간다. 영어에서는 '끝'을 의미하는 'End'와 '그리고'라는 의미를 지닌 'And'의 발음이 같다. 똑같은 소리값을 지니지만, 하나는 끝을 의미하고, 다른 것은 계속을 의미한다. 우주에 '끝End'이란 없다. 계속 이어지는 '그리고And'의 연속이다. 우주에서 만물은 없어지는 것이 아니라, 다른 형태로 바뀔 뿐이다.

14

있는 그대로의 자기 삶 자체를

사랑할 수 있는 사람

Nietzsche

나는 사물을 아름답게 하는 사람 중 한 명이 되고 싶다. 이것은 '운명애Amor fati'! 나는 추한 것과 전쟁하고 싶지 않다. 나는 비난하지 않겠다. 나를 비난하는 사람조차도 비난하지 않겠다. 그런 것들에게서 시선을 돌리는 것이 내가 유일하게 부정하는 것이 될 것이다. 궁극적으로 나는 긍정하는 사람 그 이상은 되지 않을 것이다.

『즐거운 학문』

莊子

상대를 엄격하게 몰아세우면 반드시 나쁜 마음으로 반응하기 마련인데, 사람들은 그런 것을 잘 모른다. 그러면서 어떻게 결말을 알겠는가? 한도가 지나치면 과장에 불과하고, 군주의 명령을 바꾸거나 성공하기 위해 억지로 권하는 것은 일을 위태롭게 한다. 무릇 사물의 자연스러운 움직임에 따라 마음을 유유자적하게 하고, 모든 것을 부득이한 필연의 운명에 맡긴 채 중도中道를 기르는 것이 가장 중요하다.

「인간세」

니체의 '운명애'는 모든 것을 긍정하는 사고다. 운명애는 있는 그대로 자신의 운명을 긍정하는 일종의 씩씩한 자세나 결의 혹은 고양된 느낌에 충만된 기분이다. 또한 현재에 존재하는 것을 있는 그대로 인정해 특별히 다른 방식으로 존재하기를 바라지 않고, 나에게 벌어진 필연적 사실을 사랑하는 마음이다. 운명애는 우리 자신이 갖는 창조적 에너지를 거스르거나 억제하지 않고, 창조적으로 우리의 운명을 결정하고자 한다. 이렇게 결정된 우리의 운명을 긍정하는 것이다. 있는 그대로의 자기 삶 자체를 사랑할 수 있는 사람은 운명애를 이룬 사람이다. 이 사람은 "시작은 동시에 끝이고, 끝은 동시에 시작"인 영원회귀를 사랑한다. 그는 자신의 행위를 결정하는 어떤 '인과의 사슬'을 알고 있다.

한편 장자의 아포리즘에서 운명은 신이 내린 명령이 아니라, 어찌할 수 없는 운명적 필연성을 가리킨다. 이 부분은 니체와 통하는 지점이다. 중국 사상에서 종교성과 맞물린 천天이라는 개념도 『장자』에서는 종교성을 배제하고 사용된다. 공자도 50세가 되어서야 천명을 알았다고 했지만, 이 천명은 인격적인 신을 뜻하는 것이 아닌 사람의 힘으로 어찌할 수 없는 운명이나 자연으로서의 하늘을 가리킨다.

장자는 비극적 현실에 대한 투철한 인식을 바탕으로 삶에 대한 비관주의를 극복하려 했다. 장자의 현상세계와의 거리두

기는 현실의 억압적 사태들로부터 도피하고자 하는 의도에서 나온 것이 아니다. 현실의 억압을 충분히 경험하여 그것을 다른 경계 지평으로 승화시킨 것이다. 전국시대라는 전쟁이 만연한 시대에서 참담한 생활환경에 놓여 있었던 장자의 비극 의식은 2차대전이 끝난 후 유행한 서구의 실존주의 문제의식과 통하는 점이 많다. 장자는 세간에서 가치부여를 하는 도덕률과 개인의 생의 의지가 모순적이라는 사실에 깊은 고민에 빠졌다. 마치 쇠 창살과 같이 작용하는 이데올로기화한 지식은 사람들의 내면에 '본래 그러하게' 존재하는 자연 본능적 타당성에 상처를 준다. 이런 상황에서 장자는 있는 그대로의 자연의 법칙성을 좇아 삶을 설계해야 한다고 주장했다.

장자의 비극의식에 대한 극복은 '부득이'한 운명에 대한 사랑으로 표출된다. 장자는 삶에 대한 집착을 버리고 죽음에 대한 공포를 초월하여 삶과 죽음을 하나의 변화의 양상으로 바라보고자 했다. 그리고 운명으로 주어진 외부 상황에 자연스럽게 순응하면서, 어떠한 것에도 구애 받음이 없이 타고난 자연 그대로의 자신의 본성에 따르고자 했다.

15

자기 자신을 경멸할 수 있는

자가 초인이다

Nietzsche

나 너희들에게 위버멘쉬(초인)를 가르치노라. 사람은
극복되어야 할 그 무엇이다.

『차라투스트라는 이렇게 말했다』

莊子

옛날의 진인眞人은 그 모습이 우뚝 솟아도 무너지는 일이 없고,
모자라는 듯하나 남에게서 무엇을 받는 일이 없고, 한가로이
홀로 서 있지만 고집스럽지 않았다. 환한 웃음 기쁜 듯하고,
일은 어쩔 수 없을 때만 한다. 덕이 가득 차서 얼굴빛이
밝게 빛나고, 한가로이 그 덕에 머문다. 넓어서 큰 듯하고,
초연하였으니 세상일에 얽매이지 않는다. 줄곧 입 다물기
좋아하는 것 같고, 멍하니 할 말을 잊은 듯했다.

「대종사」

니체는 미래의 이상적인 인간을 위버멘쉬Übermensch, 초인, 超人, Overman, Superman라고 불렀다. 위버멘쉬에서 위버über는 '위' 또는 '넘어서'를, 멘쉬mensch는 사람을 뜻한다. '인간을 넘어선 인간'이란 의미다. 우리나라에서는 일본의 예를 따라 주로 '초인超人'으로 번역한다. 니체에 의하면, 고작 생존에나 집착하고 있는 오늘날의 대중적 인간과는 전혀 다른 새로운 인간이 출현하여 그릇된 과거를 청산하고 건강한 미래를 열어야 한다. 하지만 위버멘쉬는 어디까지나 이 땅에서 구현되고 달성되어야 할 이상이자 목표다. 결코, 초월적 신격이나 인격은 아니다.

니체의 저서들 가운데 인간의 무한한 가능성을 시사하는 '위버멘쉬' 개념이 가장 극적으로 등장하는 저서는 바로『차라투스트라는 이렇게 말했다』다. 이 웅장한 철학시詩는 차라투스트라가 30세에 산에 들어가 10년간 은거한 뒤, 신의 죽음을 선언하고 사람들에게 자기가 깨달은 진리를 설파하고자 하산하는 것으로 시작한다.

시장(거리)에서 행한 첫 설교에서 차라투스트라는 '대지의 의미'인 '위버멘쉬'와 그 반대 개념인 '인간말종'에 대해 언급한다. 위버멘쉬는 '힘에의 의지'를 바탕으로 자기 극복을 위해 기존의 모든 관습과 굴레를 벗어나 자유로운 정신을 가지게 된 존재다. 그는 편견에서 벗어나 세상을 넓은 시야로 바라볼 수 있다. 한편 '인간말종'이란 대지에 기생하는 벼룩으로, 자신을 극복하려는 의지가 없는 시시한 존재다. '인간말종'은 역사의식도 없고 일상을 살아가는 게 변변치 못하다. 과거를 돌아보지도 않고, 미래를 향해 자신을 향상하려는 의지도 없다. 차라투스트라는 인간말종을 '자기 자신을 경멸할 수 없는 존재'로 이해한다. 자기 자신을 경멸할 수 없다는 것은 자신에 대해 회의를 하지 못한다는 의미다. 회의가 없다면 극복을 통한 발전은 결코 있을 수 없다. 니체는 이런 '인간말종'을 천민, 다수, 짐승 떼 등으로 불렀다.

『장자』에는 다양한 유형의 인물들이 풍부하게 등장한다. 하나는 소부小夫·중인衆人·서인庶人 등으로 표현되는 일상적 인간이고, 다른 하나는 성인聖人·지인至人·진인眞人·신인神人·전인全人으로 표현되는 이상적 인간이다. 이 이상적 인간형은 예외 없이 절대 자유의 경지를 몸소 구현한 존재로 그려진다.

한편 장자의 인간관은 니체의 인간관과 비슷한 점이 많으면서도 다소 차이가 나 보이기도 한다. 일단, 바람직하지 못한 인간에 대한 부분은 이 두 철인이 통하는 면이 있다. 니체가 말하는 '인간말종'이나 장자가 말하는 '일상적 인간'은 둘 다 기존의 규범에 얽매여 그것을 추종하는 맹목적인 존재이면서 주체성을 망각한 존재다. 하지만 이상적 인간형에 대해서는 니체와 장자가 다소 초점이 다르게 보이는 게 사실이다. 우선 니체의 아포리즘은 뭔가 미래지향적인 씩씩함이 묻어나는데, 장자의 그것은 왠지 나약해 보인다. 장자는 이상적 인간형을 매우 신비스러운 필치로 그려내기도 했다.

　　장자가 말하는 이상적 인간형이란 구름을 타고 다니는 신선일까? 우리는 장자의 글쓰기 방식을 이해할 필요가 있다. 『장자』는 매우 독특한 문체를 가진 고전으로, 다른 고전들에 비해 우화를 통한 비유적인 수법이 상당히 많이 나온다. 『장자』에는 진인, 신인, 지인이 구름을 타고 다닌다는 표현이 등장하는데 이 말은 이들이 그 무엇에도 종속되지 않는 절대 자유를 누리는 존재들이라는 것을 다소 과장되게 비유한 것이다. 다른 곳에서는 진인이 "물에 들어간다 해도 젖는 일이 없으며, 불에 들어간다 해도 뜨거운 것을 느끼지 못한다"라고 말하기도 한다. 이 표현도 평범한 사람들에게나 영향을 줄 수 있는 위협이 진인에게는 별 효과가 없다는 것을 감각적으로 와 닿게 설명한 것뿐이다.

　　장자가 말하는 진인은 목적을 달성한 완전한 인간이 아니라 '온전'하고 '원만'한 인간이다. 좋아하는 것과 좋아하지 않는 것을 모두 수렴할 수 있는 대립과 상극에서 벗어난 초연한 인간이다. 그의 유유자적함은 이 초연한 여유에서 나오는 것이다. 니체의 위버멘쉬도 모든 가치를 넓은 바다처럼 품어 안을 수 있는 존재이기에, 장자의 진인과 비슷하다. 위버멘쉬와 진인은 모두 어떤 고정된 확실성을 추구하기보다는 끊임없이 자신을 새롭게 만들어나가는 인간형이다. 그리고 본인 스스로가 자기 개발, 자기 발전의 유일한 원인이라는 점을 강조한다.

제2장
자기실현

멈추고, 비우고, 침묵하라. 흠결이 없는 목걸이에는 영혼이 담기지 못한다. 우리는 모두 신의 한 속성이니, 오직 스스로 그러하게 살아야 한다. 그러나 몸소 만들어낸 문명의 벽이 있으니, 우리는 나무를 베어낼 수는 있어도 하루아침에 나무를 만들어낼 수는 없다. 진정한 자유에조차, 우리가 만든 규정이라는 벽에 가로막혀버린다. 스스로 노예의 길을 택한 자는 자신보다 타인의 시선에 얽매이며, 그 결과 세상에서 가장 아름다운 것이 자기 자신임을 깨닫지 못한다. 생각나는 것을 믿지 말고, 생각나지 않는 것을 믿으라. 명상이 우리 마음의 정원을 가꾸어줄 것이다.

1

멈춰라, 비워라, 침묵하라

Nietzsche

망각이란 천박한 자들이 믿는 것처럼 단순한 타성이 아니다.
오히려 이것은 일종의 능동적인, 엄밀한 의미에서 적극적인
저지 능력이다.
의식의 문과 창들을 잠시 닫는 것, 소음과 싸움에서 방해 받지
않고 있는 것, 약간의 고요함과 의식의 백지상태tabula rasa,
이것이야말로 능동적인 망각의 훌륭한 점이다. 망각이 없다면
행복이나 명랑함, 희망, 자부심, 심지어 현재도 있을 수 없다.

『도덕의 계보』

莊子

또 다른 날, 안회는 다시 공자를 만나서 말한다. "저는
나아졌습니다." "무엇이 말이냐?" "저는 좌망坐忘하였습니다."
공자는 깜짝 놀라서 말했다. "무엇을 좌망이라고 하는가?"
안회는 대답한다. "사지四肢와 몸을 무너뜨리고 총명聰明함을
내쫓으며, 몸을 흩어버리고 지혜나 지식을 버리며, 그래서
대도大道와 하나가 되는 것, 이것을 좌망이라고 합니다." 공자는
말했다. "대도와 하나가 되면 좋고 싫음의 차별심이 사라지고
변화와 함께 하면 일정한 것에 집착하지 않는다. 너 정말
훌륭하구나!"

「대종사」

니체와 장자에게 망각은 행복과 직결된다. 프랑스의 소설가 앙드레 모루아^{Andre Maurois} 도 "망각 없는 행복은 있을 수 없다"고 말했다. 하긴 과거에 저질렀던 실수를 기억 공간에 차곡차곡 쌓는다면, 그래서 후회에 빠져 있다면 즐거운 마음이 들 턱이 없다.

망각이란 단순한 현실 도피가 아니다. 새로운 현실에 더욱 잘 대응하기 위해 기존의 낡은 기억을 없애버리는 태도다. 빈자리가 있어야 새로운 것을 다시 채울 수 있다. 망각은 마치 족쇄 같았던 마음의 티끌을 털어내야만 비로소 변화할 수 있다는 걸 알려준다. 내 마음을 조화로운 상태로 만들기 위해서는 우선 세상의 소란에서 벗어날 필요가 있다. 이는 우리가 하루의 피로를 잠으로 푸는 것과 비슷하다. 특히 평소에 말을 많이 하거나 말을 많이 해야 하는 직업을 가진 사람들은 일부러 침묵의 시간을 가질 필요가 있다.

현대인은 침묵을 두려워한다. 끊임없이 TV, 휴대폰, 수다 등을 통해 자신을 소음에 묻어버린다. 하지만 이러한 태도는 현실을 차분하게 바라보는 기회를 박탈하곤 한다. 도가 사상의 고전인 『노자』에는 다음과 같은 말이 나온다.

"30개의 바큇살이 하나의 바큇통에 모여 있다. 그 비어 있는 공간에 수레의 유용성이 있다. 문과 창을 내어 집을 만들었을 때, 그 중간이 텅 비어 있음으로써 집은 효용을 지니게 된다.

82

바퀴가 제대로 기능을 하기 위해서는 바큇살이 바퀴 가운데로 모이는 곳에 비어 있는 공간이 있어야만 한다. 집에는 창문이 있어야 빛을 받아들일 수 있고 환기시킬 수 있다. 머리가 복잡한 사람들은 방 안의 가구를 최소한으로 줄일 필요가 있다. 이는 정신을 맑게 유지하는 데 도움이 된다."

또 누군가가 나에 대해 비판을 할 때 곧바로 반응하는 것은 현명한 태도가 아니다. 배짱이 중요하기는 하지만 모욕에 매번 반응할 필요는 없다. 요컨대 잠시 멈추거나 비우는 것은 문제해결에 도움이 된다. 역설적인 농담이지만 "밥을 굶으면 기분이 좋아 죽는다"라는 말도 있지 않나.

니체의 '능동적 망각'이나 장자의 '잡념을 버리고 무아의 경지에 들어선 상태'는 명상과 비슷하다. 창의력이 뛰어난 사람들은 생기를 되찾고자 정기적으로 은둔하는 경우가 많다. 이때, 무의식의 자원을 활용한다. 명상은 사회적 번잡함을 약화시키고 내 속에 잠재해 있는 순수한 생명력을 불러올 기회다. 우리는 태어났을 때부터 창조적인 잠재력을 이미 갖춘 것인지도 모른다. 불교는 모든 존재에 불성이 있다고 믿는 종교니 말할 것도 없고, 『구약성서』의 「창세기」에 의하면 인간은 신의 형상으로 만들어졌다. 이 사실은 우리 안에 거대한 창조적인 잠재력이 존재함을 의미한다.

2

흠결이 없는 목걸이에는

영혼이 담기지 못한다

Nietzsche

좀더 여린 약한 본성들이 대체로 모든 진보를 가능하게 한다.
어디에선가 부패하고 약해져 가지만 전체로서는 아직 강한
민족은 새로운 것의 감염을 받아들여 장점으로 만들 수 있다.
교육자는 그에게 상처를 입히거나, 이미 입은 상처를 이용해야
한다. 그래야만, 그 상처 입은 부분에 새롭고 고상한 그 어떤
것이 접종될 수 있는 것이다.

『인간적인 너무나 인간적인 I 』

莊子

"처음에는 너를 가르칠 만하다고 여겼으나, 지금은 그럴 수가
없겠구나! 너는 눈초리를 크게 치켜뜨고 오만한 얼굴을 하고
있다. 그러니 누가 너와 함께 있으려 하겠느냐?"
노자의 가르침에 양자거는 두려워하며 모습을 가다듬기로
했다. 그 이후, 이제껏 양자거를 두려워하며 피하던 나그네들이
앞다퉈 양자거의 곁에 앉으려고 할 만큼 그와 친해졌다.

「우언」

잘 나아가기 위해서는 잘 물러날 줄도 알아야 한다. 전진밖에 모르는 삶은 사람을 웃지 못하게 한다. '물러남'은 다시금 생기를 되찾기 위한 '치유'의 과정이라고 볼 수 있다. 잠시 현실로부터 물러나 '자기'의 깊은 내면에 침잠하면 새로운 경험이 정신 속에 들어와 현실 세계의 균형을 무너뜨리면서 새로운 균형을 도모할 수 있게 되는 것이다.

니체가 말하는 '퇴화'는 단지 여러 가지 문제로부터 도피하라는 것이 아니다. 나의 내면 깊숙한 곳으로부터 새로운 힘을 찾아낼 기회를 가지라는 뜻이다. 이 새로운 힘은 현실을 발전적으로 재구성하게 하는 원천이 된다. 세속적인 번잡함을 비워내고 자신의 깊은 내면에 고요하게 침잠하면, 현실은 나의 참모습을 북돋아 주는 방향으로 재조정된다. 이러한 잠재력을 아주 잘 활용한 사람이 바로 스티브 잡스 Steve Jobs 다.

"가만히 앉아서 내면을 들여다보면 우리는 마음이 불안하고 산란하다는 것을 알게 됩니다. 그것을 잠재우려 애쓰면 더욱더 산란해질 뿐이죠. 하지만 시간이 흐르면 마음속 불안의 파도는 점차 잦아들고, 그러면 더욱 미묘한 무언가를 감지할 수 있는 여백이 생깁니다. 바로 이때 우리의 직관이 깨어나고 세상을 좀 더 명료하게 바라보며 현재에 더욱 충실하게 됩니다."

『스티브 잡스』(월터 아이작슨 지음, 민음사)

한편, 장자의 아포리즘에서 노자는 꽉 잠긴 자물쇠처럼 빈틈이 없고 기세등등한 양자거의 태도를 꾸짖는다. 우리는 대체로 어릴 때부터 남들에게 빈틈을 보여서는 안 된다는 가르침을 받으면서 성장했다. 그러나 빈틈없는 완벽주의를 추구하는 사람은 기세가 당당하고 오만하게 보일 수도 있는 법이다. 현대심리학에 의하면 적당한 빈틈이 오히려 삶을 풍족하게 하고 사람들과의 관계를 원활하게 하는 데 도움이 된다. 지나치게 꽉 채워져 있는 사람보다는 조금은 빈틈이 느껴지는 사람에게 인간미를 느껴서 더 좋은 인간관계를 맺을 수 있다는 것이다.

레이첼 나오미 레멘Rachel Naomi Remen이 지은『할아버지의 기도』라는 책에는 다음과 같은 이야기가 실려 있다. 이란에서는 화려한 무늬로 촘촘하게 짠 카펫에 일부러 흠을 하나 남겨놓는다고 한다. 이것을 '페르시아의 흠'이라고 부른다. 또한 인디언들은 구슬 목걸이를 만들 때 완벽한 구슬들 틈에 깨진 구슬을 하나 꿰어 넣는다고 한다. 전혀 흠결이 없는 목걸이에는 영혼이 담길 수 없다고 생각하기 때문이다. 제주도의 돌담을 살펴보면, 돌과 돌 사이를 촘촘히 메우지 않고 일부러 엉성하게 빈틈을 둔 채 그 틈새로 바람이 지나가게 한다. 겉으로는 금방 무너질 것 같지만 이 돌담은 여간한 태풍에도 무너지지 않는다.

3

우리는 모두 신의 한 속성이다

Nietzsche

신의 자식은 누구든 동등하다. 천국은 '지상의 위' 또는 '죽은 다음'에 오는 어떤 것이 아니라, 마음의 특정한 상태다. 신의 나라는 마음속의 특정한 경험이다. 그것은 어디에든 있고, 어디에도 없다.

『안티크리스트』

莊子

동곽자東郭子가 묻고 장자가 대답한다.

"도라는 것은 어디에 존재합니까?"

"어디에든 존재합니다."

"어디에 있는지 분명히 말씀해 주십시오."

"땅강아지와 개미에게 있습니다."

"어째서 그처럼 시시한 곳에 있습니까?"

"돌피나 논에 자라는 피에도 있습니다."

"어째서 더욱 시시한 곳을 말씀하십니까?"

"기와나 벽돌에도 있습니다."

"어째서 말씀이 더욱 심해지시는 겁니까?"

"똥이나 오줌에도 있습니다."

동곽자는 더는 아무 말도 하지 않았다.

「지북유」

장자는 만물의 근원이 되는 절대적 존재를 피안의 세계에서 구하려 하지 않고 우리가 사는 이 세계 안에서 발견하고자 했다. 도는 피안의 세계에 존재하는 것이 아니라 우리가 사는 일상에 있다. 도는 충만하게 가득 차 있는 '그 무엇'이다. 도의 성격을 표현하는 단어인 '무無'는 아무것도 없는 것이 아니라, 너무 많은 것이 함유되어 있어 오히려 보이지 않는 '그 무엇'이다.

가장 큰 소리는 들리지 않는다. 예를 들어 우주 안의 별들이 운행할 때 내는 소리는 우리가 아는 사물들 가운데 가장 큰 소리를 낼 것이다. 하지만 그 소리를 들을 수 있는 인간은 아무도 없다.

우리는 "소란스러움으로부터는 벗어날 수 있지만, 침묵으로부터는 벗어날 수 없다"라는 프란츠 카프카F. Kafka의 말대로, 도의 영향력에서 절대로 벗어날 수 없다. '충만한 도'란 만물을 아우르기에 초월적인 존재이면서 또한 만물에 깃든 내재적인 존재이기도 하다. 도는 극락이나 천국과 같은 저편의 세계에 따로 존재하지 않는다. 인간은 말할 나위도 없고, 기왓장에든 창틀에든 고양이에든, 심지어는 똥에든 어디에나 존재한다.

한편, 니체는 신의 속성을 우리 인간에게서 찾을 수 있다고 말한다. 니체에게 신은 하나밖에 없는 궁극적인 실체도 아니고, 초월적 인격도 아니다. 신은 바로 우리 자신이다. 따라서 인간은 단지 신의 속성을 가지고 있는 자신의 힘을 믿으면 된다.

니체가 말한 '신의 죽음'은 궁극적인 실체나 초월적 인격으로서의 신은 존재하지 않는다는 선언이었다. 그리고 인간 안에 내재하는 신의 속성을 깨달아야 한다는 발언이었다. 니체의 이러한 관점은, 모든 존재는 불성을 지닌다는 불교의 가르침과도 통하는 지점이 있다.

동시에 스피노자의 범신론을 떠올리게 한다. 스피노자가 『에티카』에서 말한 가장 중요한 관점이 바로 "신은 곧 자연"이다. 이 관점을 종교학에서는 범신론이라고 부른다. 스피노자는 당대의 교회가 우리 삶 가까이에 있는 사람들을 사랑하지 않고 이를 초월해 있는 신만 사랑하는 것에 문제의식을 느꼈다. 니체는 스피노자의 바로 이 관점에 열광했다.

스피노자에 따르면 인간은 물론이고 개미, 고양이, 각종 식물, 창문 등 만물이 신의 일부다. 눈앞의 모든 물체가 곧 신이다. 이 글을 쓰고 있는 나도 이 글을 읽고 있는 여러분들도 모두 신이다. 모든 것은 '자연=신'이라는 가치관 안에 있다. 자연은 그 외부에 있는 어떤 무엇에 의해 창조된 것이 아니라 자연 스스로가 만들어가는 것이다. 이런 점에서 스피노자는 신이 자연을 창조했다는 견해에 정면으로 맞섰다. 따라서 우리 삶에서 나타나는 모든 현상(죄를 짓는 것도 포함해서)은 신(자연 그 자체)에 속해 있다. 즉, 신은 잘못을 저질렀다고 해서 벌을 내리는 인격적인 존재가 아니다. 스피노자가 말하는 '신을 사랑한다'는 말의 의미도 곧 자신이 자신을 사랑하는 것을 뜻한다. 왜냐하면, 우리는 모두 신의 한 속성이기 때문이다.

"자기 자신과 자신의 정서를 명석하게 인식하는 사람은 신을 사랑하며, 자기 자신과 자신의 정서를 더 많이 인식할수록 더욱더 신을 사랑한다."

『에티카』

내가 나의 정서를 사랑하고 명확히 인식한다는 것은 곧 신을 사랑하고 인식하는 것으로 연결된다. 나는 분명히 '나'이지만 나는 신의 한 속성이므로, 나의 '나'에 대한 사랑은 곧 내가 신을 사랑하는 것이며 동시에 신이 나를 사랑하는 것이기도 하다. 자기 몸의 색깔을 바꿀 수 있는 카멜레온을 생각해보자. 비록 카멜레온 몸의 색은 장소에 따라 이런저런 색깔로 바뀌지만, 여전히 카멜레온인 것은 변함이 없다. 나는 신의 한 속성이지만 '신'임에는 변함이 없다.

스피노자와 니체가 볼 때 내가 정신의 수준을 비약적으로 발전시키고 확대한다면, 이는 곧 신을 발전시키고 확대하는 것과 같다. 우리는 자기 내면에 깃들어 있는 어떤 '위대한 가능성(힘)'에 눈을 돌려야만 한다. 그것을 '도'라고 표현하든 '신의 속성'이라고 표현하든 '부처'라고 표현하든 크게 상관은 없다. 우리 인간의 내면에는 본인도 몰랐던 엄청난 잠재력이 존재한다는 것을 확신하는 것이 중요하다. 눈을 밖으로 한없이 확장해 우주 정복을 하는 것도 중요하지만, 더 중요한 것은 눈을 안으로 돌려 내 내면에 잠재해 있는 이 위대한 힘을 찾는 것이 아닐까?

4

다른 그 무엇도 고려하지 말고,

오직

'스스로 그러하게'[자연自然] 살자!

Nietzsche

자연이 우리에 대해 아무 의견도 갖고 있지 않기 때문에,

우리가 즐겁게 자유로운 자연 속에 있을 수 있는 것이다.

『인간적인 너무나 인간적인 II』

莊子

숙과 홀은 때때로 혼돈의 땅에서 만나곤 했는데, 혼돈은 그들을

매우 잘 대접했다. 숙과 홀은 이 혼돈의 은혜에 보답하기 위해

의논했다.

"사람은 모두 일곱 구멍이 있어서 보고 듣고 먹고 숨을 쉬는데,

유독 혼돈에게만 구멍이 없다. 우리가 시험 삼아 구멍을 뚫어

보자."

숙과 홀은 하루에 한 구멍씩 뚫었다. 그런데 7일째가 되자,

혼돈이 그만 죽어버렸다.

「응제왕」

장자의 우화에서 혼돈은 자연 그대로 살아가는 순박한 백성을 비유한다. 그리고 남해의 제왕인 숙과 북해의 제왕인 홀은 인위적이고 폭력적인 통치자를 상징한다. 숙儵과 홀忽이라는 글자 자체가 각각 '빠름'과 '갑자기'라는 의미를 지닌다. 이들은 인위적으로 조급하게 무엇인가를 도모하려 한다. 숙과 홀이 구멍을 뚫는 행위는 문물제도의 발생과 계급의 분화, 사유재산제도 등을 상징한다. 이 혼돈 우화는 국가에서 행하는 여러 정책이 백성들의 생활을 그다지 윤택하게 해주지 못하고 오히려 파괴하고 있다는 점을 지적하고 있다.

장자의 혼돈과 비슷한 개념은 『노자』에도 나온다.

"보아도 보지 못하니, 이夷라고 칭한다. 들어도 듣지 못하니 희希라고 한다. 손으로 찾아 만져보려 해도 잡히는 것이 없다. 이를 미微라고 한다. 도라는 것은 이 세 가지가 하나로 혼합된 존재다. 한계 없이 이어져있고, 무엇이라고 이름을 붙일 수도 없다. 그래서 혼돈으로 되돌아가는 것이다.

「14장」, 『노자』

우리는 혼돈 우화를 단순히 원시의 무규정 상태로 돌아가자는 메시지로 읽는 게 아니라, 현대적인 맥락에서 좀 더 세련되게 해석해 볼 수도 있다. '혼돈' 상태란 창의성이 발현되는 창조적 계기로 간주할 수도 있다. 모든 것이 섞여 있는 흐릿한 상태인 '혼돈'이야말로 새로운 것을 창출할 기회다. 이 상태야말로 그 무엇에도 얽매이지 않기 때문에, 브레인스토밍이 제대로 이루어질 수 있는 최고의 적기다.

니체의 아포리즘도 "그를 자유롭게, 그답게 있도록 하라"고 말하면서, 본래의 자기 스타일로 존재하는 것이야말로 행복의 핵심이라고 말한다. 도덕은 우리에게 '집단의 가치'를 주입해서 우리 각자가 개성을 지닌 개인으로 존재하는 것을 방해한다. 도덕적 교화의 확대는 사람의 타고난 본성을 죽일 뿐이다. 식물도 사람이 들볶지 않을 때 가장 잘 성장한다.

우리는 앞에서 '문명'을 상당히 부정적인 견해에서 바라본 바가 있다. 문명 자체가 문제라는 의미는 아니다. 문명의 발전이 '스스로 그러하게' 살아가고자 하는 인간의 기본적인 욕구충족을 방해할 때 문제가 되는 것이다.

폴란드 출신의 유대인 사회학자 지그문트 바우만Zygmunt Bauman은 물질적인 풍요로움과 행복의 관계에 대해 "일정한 수준을 넘으면 GDP와 행복도의 상관관계를 찾을 수 없다"고 주장했다. 1인당 실질소득이 1만 달러 근처까지 올라가면 행복도 역시 상승하는 관계를 보인다. 그러나 1만 달러 수준을 넘어서면 이들 둘 사이의 상관관계를 찾기 어려워진다는 것이다. 물질 문명의 발전이 인간의 행복을 보장해 주지는 않는다.

5

나무를 베어낼 순 있어도

나무를 하루아침에 만들 순

없다

Nietzsche

우리는 자연에서 즐거운 전율을 느끼면서 우리 자신을
발견한다. 그것은 가장 아름다운 '제2의 자아' 현상이다.
늘 햇빛이 비치는 10월의 공기 속에서, 아침부터 저녁까지
행복하게 불어오는 기류의 유희 속에서, 고원의 언덕, 호수,
숲이 가지고 있는 전체적인 우아하고 엄숙한 분위기 속에서,
이런 감정을 느끼는 사람은 얼마나 행복할까?

『인간적인 너무나 인간적인Ⅱ』

莊子

황제가 천하를 다스렸을 때는 백성의 마음을 하나로 만들었다.
그래서 어버이가 죽었는데 소리 내어 울지 않아도 사람들은
이를 비난하지 않았다.
순舜이 천하를 다스렸을 때는 백성의 마음을 서로 경쟁시켰다.
그래서 산모는 임신한 지 10개월이면 아이를 낳았고,
아이는 태어난 지 5개월이 지나면 말을 할 수 있게 되었으며,
웃음이라는 것을 알기 전에 이미 이 사람 저 사람을 구별하게
되었다. 이때부터 일찍 죽는 사람이 생기기 시작했다.

「천운」

연구에 의하면, 고대에 여성은 아이를 14개월 동안 품었다가 출산했다고 한다. 장자의 아포리즘에 나오듯 10개월 만의 출산은 조산에 속했다. 또한, 태어난 지 5개월 된 아이가 말을 하기 시작했다는 건 세상이 그만큼 각박해지고 사람들의 삶이 조급해졌다는 사실을 상징한다. 혼란이 가중되고 사람들이 전쟁을 일으키기 시작했을 때, 그들은 전쟁의 이유가 자기 이득을 위한 것임에도 하늘의 뜻이라며 거짓말을 했다. 그리고 이 거짓 논리 마련에 여러 사상이 힘을 보탰다.

장자와 니체에 의하면, 문명화는 인간이 지닌 천연의 자연성을 억압한다. 독일의 현대철학자인 아도르노Th. Adorno 와 호르크하이머M. Horkheimer 는 인간의 자연 지배를 고립된 개인들의 행위가 아니라 집단에 의해 진행된 것이라고 봤다. 자연 정복은 혼자서 할 수 없다. 명령을 내리는 자와 그 명령을 받들어 움직이는 대중으로 구성된 집단이어야 가능하다. 이제 평등하게 살던 원시사회는 계급이 나누어진 이른바 고등사회로 변모한다. 그러므로 자연에 대한 지배는 사회적 지배와 통제를 전제한다.

사회는 안정으로부터 불안정으로 나아간다. 물론 인간은 열악한 환경을 극복하기 위해 문명을 발전시켜 왔다. 인간은 생존을 위해 문명의 이기를 발전시키고 집단화의 규모를 늘려올 수밖에 없었다. 하지만, 인간의 행복을 도모하기 위한 수단들이 하나의 목적으로 전도되어 생명으로서의 인간의 참가치를 훼손한 점은 짚고 넘어가야만 한다.

다큐멘터리 〈아마존의 눈물〉에 나오는 조에족은 나이도 숫자도 셀 줄 모르지만 꼭 필요한 것만 자연에서 구해서 쓴다. 또한, 사냥한 몫을 최대한 공평히 나누면서 사냥에 동참하지 않은 자들에게도 식량을 분배한다. 이 다큐멘터리에 나오는 또 다른 부족인 야노마미족은 금광업자들에게 학살당한 슬픈 역사가 있는데, 당시 추장이었던 다비 코페나와의 말이 우리에게 많은 것을 생각하게 한다.

> "당신들의 탐욕, 개발, 바이러스가 우리를 죽이고 있습니다.
> 하지만 명심하십시오. 우리의 죽음은 곧 이 세상이 멸망한다는
> 뜻입니다. 그 대가는 결국 당신들이 짊어져야 할 것입니다."

'문명의 앞에는 숲이 있고, 문명의 뒤에는 사막이 있다'는 말이 있다. 문명이 발달할수록 자연이 파괴된다는 우울한 경구다. 사람들은 끊임없이 외형을 부풀려 자기 발전을 도모하지만, 정작 자기의 생을 온전하게 할 내면의 자연으로부터 멀어지고 있다. 심지어 외적 자연 전체를 닦달하고 파괴하면서 말이다. 나무를 베어 쓰러뜨릴 수는 있어도, 그리고 그 기술을 발전시킬 수는 있어도, 아름드리나무를 하루아침에 만들 수는 없다.

6

규정이라는 것은 자신의 시각
앞에 어떤 벽을 만든다

Nietzsche

벗들아, 너희들에게 나의 마음을 모두 털어놓으리. 만약 신들이 존재한다면, 내가 신이 아니라는 사실을 어떻게 참고 견뎌낼 수 있겠는가! 그러니 신들은 존재하지 않는다. 신이란 하나의 이념일 뿐이다.

『차라투스트라는 이렇게 말했다』

莊子

위대한 지혜를 지닌 사람은 먼 것과 가까운 것을 아울러 보기에, 작다고 무시하지 않고 크다고 해서 우러러보지도 않는다. 사물의 수량이란 끝이 없다는 것을 알고 있기 때문이다. 또한 그는 가득 차고 텅 비는 도리를 잘 알고 있기에, 무엇인가를 얻었다고 기뻐하지도 않고, 잃어버렸다고 걱정하지도 않는다. 사람의 운명이란 변하기 마련이며 나아가 자연의 도란 평등하다는 사실도 그는 잘 알고 있다. 그러므로 살아 있다고 기뻐하지도 않고, 죽는다고 해서 재앙이라 여기지도 않는다. 처음과 끝은 영원히 순환하여 항상 새로운 것임을 알고 있기 때문이다. 지금 알고 있는 지식의 범위는 아직 알지 못하는 것에 훨씬 미치지 못한다. 또한, 살아 있는 시간은 아직 태어나기 전의 무한한 시간에는 도저히 미치지 못한다.

「추수」

장자의 아포리즘의 핵심 키워드는 '무한성'이다. 장자는 시간과 공간이 무한하다며 세계의 무한성을 긍정했던 최초의 중국 철학자였다. 장자에 의하면 인간은 시간과 공간에 너무 얽매이지 말아야 한다. 그리고 유교에서 주장하는 도덕 원칙에서 해방되어야만 비로소 마음이 무한히 열릴 수 있다.

무한하게 작은 것이나 무한하게 큰 것이나 모두 무한성을 지니기에 크고 작음을 말하는 것은 의미가 없다. 천지가 크다고 하지만 끝없이 펼쳐져 있는 우주에 비하면 작고, 털끝이 좁다고 하나 관찰할 수 없는 더 작은 세계에 비하면 넓다. 지구가 태양을 도는 거대한 공전 운동은 장엄하지만, 태양이 우리 은하를 한번 공전하는 2억2천 6백만 년이라는 '은하년'에 비하면 별 볼 일 없다. 또한, 인류 문명의 탄생부터 지금까지의 시간은 상당히 긴 시간으로 보이지만 우주의 나이인 137억 년에 비하면 턱없이 짧다. 따라서 우리는 자기의 현 수준에서 다른 존재보다 조금 크다고 특별히 내세울 것도 없고 남들보다 작다고 불만을 가질 이유도 없다.

니체가 볼 때 인간의 진정한 자유를 구속하는 근원은 바로 '절대신神' 개념이다. 니체는 자기가 믿는 신만 인정하고 다른 신은 철저하게 부정하는 일신론이 인류의 가장 큰 위험 요소라고 생각했으며, 신의 존재를 인정해야 한다면 차라리 다신론이 낫다고 했다. 니체의 이런 태도는 모든 종교가 공존할 수 있

규정이란 것은 자신의 시각 앞에 어떤 벽을 만든다

다고 바라보는 종교 다원주의 입장을 연상하게 한다. 니체는 다양한 생각을 지닌 개개인이 서로를 용인해 주는 세상을 꿈꿨다. 절대적인 하나의 기준을 정해서 진리와 진리가 아닌 것, 정상과 비정상, 중심과 주변을 나누는 태도는 인간 개개인이 각자 나름의 방식으로 누려야 할 자유를 박탈한다고 생각했다.

인간은 자신만의 틀로 세계를 해석한다. 그리고 오직 이 틀에 들어맞는 것만 집중한다. "우리는 분석하기 위해 살인한다"는 워즈워드W. Wordsworth 의 말처럼 규정이라는 것은 자신의 시각 앞에 어떤 벽을 만든다. 이를 베이컨F. Bacon 의 유명한 우상idola 설에 비추어 '동굴의 우상'이라고 말한다. 사실 우리가 남을 손쉽게 판단하고 규정 내리는 짓은 일종의 욕에 가깝다. 규정하고자 하는 격자 안에 타인을 가두고 싶어서 이런 행동을 하는 것이다. 그러니 스스로를 특정한 인물형으로 규정하는 것은 자신이 자신에게 욕을 하는 꼴이다. 니체와 장자는 이런 방식의 모든 선입견을 벗어버릴 것을 권한다.

세상 사람들은 나에 대해 그다지 관심이 없다는 사실을 아는 것이 중요하다. 나를 좋아해 주는 사람이 그렇게 많이 필요한 것도 아니다. 또 남을 위한다면서 해 온 거의 모든 행위가 사실 나를 위한 것이었음을 솔직히 인정해야 한다. 요컨대, 다른 사람에게 크게 피해를 주는 일이 아니라면 내가 정말로 하고 싶은 것을 하면서 자유롭게 살아가는 것이 좋다.

7

우리는 자신을 노예로

만들면서 자유롭기를 바란다

Nietzsche

활동적인 사람들에게는 차원 높은 활동이 빠져 있다. 이러한
점에서 그들은 태만하다. 활동적인 사람들은 돌이 굴러가듯
기계적인 성격의 '우둔함'에 따라 굴러간다. 모든 인간은 모든
시대에 그랬던 것처럼, 지금도 여전히 노예 아니면 자유인이다.
왜냐하면 하루의 3분의 2를 자신을 위해 쓰지 않는 모든 자는
노예이기 때문이다.

『인간적인 너무나 인간적인 I 』

莊子

어린아이는 길을 가도 어디로 가는지 모르고, 머물러 있어도
무엇을 해야겠다는 생각이 없으니, 사물에 접해 있는 그대로에
순순히 따르고, 자연스럽게 그 물결과 함께한다. 이것이 바로
'위생'衛生이다.

「경상초」

'위생衛生'이라는 단어는 장자의 「경상초」에서 유래했다. 위생이란 남이 아닌 자기를 위하여 생을 보존하고, 몸을 소중하게 간직하는 것을 말한다. 니체에게나 장자에게나 '어린아이'은 유는 일체의 속박을 벗어던진 자유의 상징이고 생명력에 충만한 정신이다.

현대인이 가장 오래 머무는 공간은 가정을 제외하고는 학교와 직장일 것이다. 이 공간들은 나의 삶을 살찌울 수 있는 공간이면서, 동시에 나를 속박한다. 속박의 공간으로서의 학교를 풍자하는 이런 이야기도 있다. "학생이라는 죄로, 학교라는 교도소에서, 교실이라는 감옥에 갇혀 출석부라는 죄수 명단에 올라, 교복이란 죄수복을 입고, 공부란 벌을 받고, 졸업이란 석방을 기다린다." 직장도 이와 비슷한 방식으로 말할 수 있을까?

니체의 아포리즘에 나온 바와 같이, 하루의 2/3를 자기 자신을 위해 사용할 수 없다면 그는 노예다. 그런데 그럴 수 있는 사람이 과연 몇 명이나 될까? 니체의 말을 빌리자면 "활동적인 사람들에게는 차원 높은 활동이 빠져 있다." 여기서 말하는 차원 높은 활동이란, 온전히 나를 위한 사색의 시간을 말한다. 정신 활동은 몸을 움직이는 활동보다 더 활동적으로 이루어져야 한다. 그래야 나를 옭아맨 속박에서 벗어날 수 있다. 명상을 통해 내 내면의 또 다른 '자아'와 만나는 시간을 갖는 것도 이런 정신 활동 가운데 하나가 될 수 있을 것이다.

현대인들은 자신을 노예로 만들어 놓고 역으로 자유롭기를 바란다. 속박에서 벗어난다는 건 가고 싶은 곳에 마음대로 가고, 하고 싶은 것을 마음대로 하는 단순한 육체적 자유가 아니다. 정신이 자유로워지는 것이다. 물리적 차원에서는 현대인들이 속박에서 벗어나는 데 성공했을지 모른다. 하지만 정신적 차원에서는 아직 멀었다. 그렇다면 어떻게 이것을 노예가 아니라고 할 수 있을까?

현대인들이 흔히 겪는 이른바 중년의 위기를 예로 들어보자. 중년의 시기에 접어든 사람들이 우울감에 빠지기 쉬운 이유는 사회적인 지위를 얻기 위해 쏟은 에너지가 그들의 목적이 달성된 이후 흘러갈 바를 못 찾았기 때문이다. 그렇다면 해답은 명백하다. 낡은 가치 대신에 구멍을 메울 새로운 가치를 찾으면 된다. 그것은 물질주의적인 관점을 넘어 개인의 정신적 지평을 확대하는 가치라야 한다. 명상, 위빠사나, 요가와 같은 정신 수양, 한시漢詩 배우기, 서예, 악기 연주 배우기 등도 개인의 정신을 확장하는 데 도움이 될 것이다. 무엇이든, 이전의 나보다 더욱 고양된 나를 만들 방법을 찾아내야 한다.

힌두교에는 학생기, 가장기, 삼림기, 유행기라는 인생의 4시기가 있다. 학생기에는 힌두교 경전의 스승인 구루에게 베다 경전을 공부한다. 그것이 끝나면 사회인이 되며, 곧 가장기로 들어가 결혼하여 가족을 이루고 세상 속에서 홀로 자립해 사회인으로서 의무를 다한다. 이후 자식들이 어느 정도 자란 시기, 즉 40세 전후에 삼림기로 들어간다. 조용히 삼림 속에서 살면서 인생의 의미를 생각하는 것이다. 그리고 마지막으로 유행기가 있다. 이 시기에는 마치 떠다니는 구름, 흐르는 물과 같이 살면서 모든 속박을 끊어야만 한다.

물론 현대인들이 이런 삶을 살기란 거의 불가능하다. 하지만 최소한 중년 이후부터는 자신이 왜 살아가는지 진지하게 사색하면서, 내가 진정으로 바라는 삶이 무엇인지 곱씹어봐야 한다. 그리고 내가 갖고 있지 않은 것에 연연하기보단 이미 내가 가지고 있는 것을 뒤돌아보고 만족하는 태도를 지녀야 한다. 소설가 베르베르 베르나르Bernard Werber에 의하면, 지금 가지고 있는 것에 만족하는 뇌가 가장 바람직한 뇌다. 즉, 자신이 가지고 있지 않은 것에 대해 좌절하지 않는 뇌야말로 좋은 뇌다.

미국 코넬대학교의 교수인 사회학자 칼 필레머K. Pillemer는 2004년부터 진행한 인류 유산 프로젝트에서 총 1,500명 이상의 노인(65세 이상)을 대상으로 인터뷰를 진행했다. 삶에 대한 그들의 조언과 지혜를 수집하기 위해서였다. 그는 이런 질문을 던졌다. "당신의 삶을 되돌아봤을 때, 가장 후회하는 점은 무엇입니까?" 그는 알코올 중독이나 사업 실패 등을 예상했지만, 가장 많이 돌아온 답변은 의외의 것이었다. 그것은 바로 "너무 걱정하며 살지 말 걸 그랬다"였다. 대부분의 노인은 존재하지도 않는 상황에 속박되어 실질적인 고민 대상이 없음에도 걱정에 빠졌던 점을 후회했다. 지금 당신의 고민은 무엇인가? 혹 여전히 '속박'된 상태에서 고민하고 있는 건 아닌가?

8

세상에서 가장 아름다운 것은
바로 '자기 자신'이다

Nietzsche

누군가 자기 자신을 혐오한다면 그를 무서워해야 한다.
왜냐하면 우리가 그의 분노와 복수의 희생양이 될 것이기
때문이다. 우리는 그가 스스로를 사랑할 수 있도록 도울 방법을
떠올려야 한다.

『아침놀』

莊子

천하보다 자기의 몸을 귀하게 여기는 자라야만 비로소 천하를
맡길 수 있고, 천하보다 자기의 몸을 더 사랑하는 자라야만
비로소 천하를 의탁할 수 있다.

「재유」

타인을 사랑하려면 우선 자기 자신을 사랑할 줄 알아야 한다. 우리는 인생의 많은 시간을 자기혐오와 열등의식에 사로잡힌 채 살아간다. 니체는 『차라투스트라는 이렇게 말했다』에 실린 「시장터의 파리에 대하여」라는 글에서 이렇게 말했다.

> "저들은 온갖 찬사를 늘어놓으며 네 주위에서 윙윙거린다.
> 추근대기는 저들이 하는 찬양이다. 저들은 너의 살갗과 너의 피 가까이에 머물고 싶어한다. 마치 신이나 악마에게 아첨하듯 네게 아첨하고, 그들 앞에서 흐느끼듯 네 앞에서 흐느낀다."

아무리 파리들이 상냥한 얼굴로 다가오더라도 경계해야 한다. 왜냐하면 저들은 자기 자신을 하찮게 여기기 때문이다. 자기 경멸에 빠진 인간처럼 무서운 존재는 없다. 자기 경멸은 타인을 향한 복수심으로 뒤바뀔 가능성이 크다. 타인을 행복하게 해주고 싶다면 우선 자기 자신부터 행복해야 한다. 행복은 자기 멸시로부터 얻을 수 없다. 반대로 자신을 멸시하지 않고 사랑하는 사람은 늘 남에게 배려를 베풀 가능성이 크다. 자기 자신을 긍정해야만 비로소 남을 긍정할 수 있기 때문이다.

장자는 자기애가 있어야 이타심을 발휘할 수 있다고 믿었다. 장자의 "자기 몸을 귀하게 여기는 자라야만 천하를 맡길 수 있다"라는 말은 『노자』에도 적혀 있다.

자신을 소중하게 생각하지 않는 사람은 남 또한 소중하게 생각하지 않기 때문에 폭압의 정치를 하기 쉽다. 장자는 이렇게 말했다.

"물오리는 비록 다리가 짧으나 그것을 이어주면 근심하고, 학은 다리가 길지만 끊어버리면 슬퍼한다."

「변무」

또한 자신의 매력을 들여다보지 않고 남의 매력만을 시기 한다면 자신의 긴 다리를 스스로 끊어버리는 현명하지 못한 처 사일 것이다. 인간이라면 누구나 자신만의 매력을 갖고 있으며, 자신에게 익숙한 것을 가장 잘하는 법이다.

장자는 또 이렇게 말했다.

"고니는 매일 목욕을 하지 않아도 희고, 까마귀는 매일 검은 칠을 하지 않아도 검다."

「천운」

장자가 말하는 자기에 대한 사랑은 '이기주의'(자기에게 이 로움을 주는 행위만을 하려는 주의)가 아니라 '애기주의'(자신을 아끼 고 사랑하는 주의)다. 한마디로 내가 나와 나누는 로맨스다. 노자와 장자 이외에 자기애를 극단적으로 강조한 또 다른 도가 사상가를 꼽자면 양주楊朱를 들 수 있다. 맹자는 양주를 이렇게 평가했다.

> "양주는 자기만을 위하였으니 털 한 올을 뽑아 천하가 이롭게 되다고 하더라도 그렇게 하지 않는다."
>
> 「진심 상」, 『맹자』

여기에서 '자기만을 위한다'는 건 이기적인 성품을 말하는 것이 아니라 개인의 존엄성을 강조한 개념이다. 자기 자신을 진정으로 소중히 여기는 사람들이 모여 공동체를 이루어야 천하는 저절로 이롭게 된다.

'아름답다'라는 말이 동서양에서 어떤 어원을 갖는지 살짝 들여다보자. 고대 그리스에서는 '아름답다'를 '칼로스Kalos, 정신과 육체의 균형'라고 했다. 중국어의 '아름답다'는 '미美, 큰 양'다. 고대 중국에서는 중요한 제사를 지낼 때 아름다운 큰 양을 제물로 바치곤 했다. 그럼 한국어의 경우에는 어떨까? '아름답다'라는 한국어는 '각자 나름대로'라는 의미를 갖고 있다. 각자가 자기 스타일로 '그 사람다움'으로 살아가는 것, 이것이 바로 아름다움이다. 필자가 볼 때 '아름다움'의 본래 의미는 한국어의 의미와 가장 가까운 듯하다.

'풍연심風憐心'이라는 말이 있다. "바람은 마음을 부러워한다"라는 뜻으로, 『장자』의 「추수」에 나오는 우화다. 옛날 전설적인 동물 중에 발이 하나밖에 없는 동물이 있었다. 이 동물은 발이 100여 개나 되는 지네를 매우 부러워했다. 그 지네에게도 가장 부러워하는 동물이 있었는데, 바로 발이 없는 뱀이었다. 발이 없어도 잘 돌아다니는 뱀이 부러웠던 것이다. 반면 뱀은 움직이지 않고도 멀리 갈 수 있는 바람을 부러워했다. 그저 가고 싶은 대로 흘러가는 것 같았기 때문이다. 하지만 바람에게도 부러워하는 것이 있었으니, 그것은 가만히 있어도 어디든 가는 눈目이었다. 그런데 이런 눈에게도 부러워하는 것이 있었으니, 보지 않고도 무엇이든 상상할 수 있고 어디든지 갈 수 있는 '마음'이었다.

모든 존재는 기본적으로 서로를 부러워하며 살아간다. 내가 가진 것이 가장 '아름답다'는 걸 모르는 채, 그저 자신에겐 없는 것을 가지고 있는 타인을 부러워한다. 살아가는 게 힘들다고 말하는 이유는 어쩌면 이 '부러움'에 있지 않을까? 세상에서 가장 아름다운 것은 바로 나 자신인데 말이다.

9

생각나는 것을 믿지 말고,
'생각나지 않는 것'을 믿으라

Nietzsche

너는 지하실에 사나운 들개를 길렀었다. 그러나 그것들도
결국 새가 되고 노래하며 춤추는 아름다운 여가수로 변하지
않았는가?

『차라투스투라는 이렇게 말했다』

莊子

물이 고요하면 빛은 수염이나 눈썹을 비추어주고 수준기水準器
노릇을 할 정도로 평평하여 명공名工도 그것을 법으로 삼는다.

「천도」

책『차라투스트라는 이렇게 말했다』에는 낙타, 사자, 독수리, 당나귀, 타조 등 무수히 많은 동물이 등장한다. 그는 동물 은유를 통해 인간 내면에 있는 '그 무엇'인 무의식을 말하고 싶어 했다.

프로이트는 이렇게 말했다.

"우리는 결과 혹은 효과로부터 그 존재를 추론할 수밖에 없는 심리적 과정을 '무의식적인 것'이라고 말한다. 그것이 '그 순간' 활동하고 있음에도 우리가 '그 순간' 그것에 대해 아무것도 모를 때 그것을 '무의식적'이라고 부를 수 있다. 니체의 언어 용법에 따라, 우리는 앞으로 이를 이드¹⁴라고 부르기로 한다."

『새로운 정신분석 강의』

'이드'는 우리말로 '그것'이며, 프로이트에 의하면 '이드'는 어떠한 가치판단도, 어떠한 선악도, 어떠한 도덕도 알지 못하는 혼돈 상태의 신비한 무의식적 힘이다.

니체는 우리 내면 깊숙이 자리한 들개가 사랑스러운 노래를 부르는 새나, 노래하며 춤추는 아름다운 여인으로 변할 수 있다고 말한다. 이러한 변형은 고삐 풀린 망아지처럼 위험한 무의식의 원시 에너지가 자기에게 쓸모가 있는 방향으로 승화된 것을 상징한다. 니체는 자신 안에 있는 무의식적 충동이 맑고

깨끗한 생명을 얻을 때 영혼의 변화가 일어난다고 말했다. 마치 연금술에서 광물이 황금으로 변하듯이 말이다.

장자 역시 비슷한 정신 영역에 대해 통찰력 있는 글들을 남겼다. 특히 장자와 노자는 도의 특성을 표현할 때 '물'을 주요하게 사용했다. 그들의 글에는 아무리 퍼내도 마르지 않는 깊고도 넓은 물이 등장하는데 이것이 바로 니체의 '이드'다.

그리고 물이 아래로 흘러가는 방향성은 무엇이라고 규정할 수 없는 '그것'(무의식)의 존재에 대한 막연한 예감을 표현하고 있다.

칼 융C. Jung은 물이 생명에 대한 원천적인 이미지이며 개인의 마음속에 있는 생명의 근원을 상징한다고 이야기한다. 융은 우리가 이 물이라는 무의식의 모성적인 근원으로부터 매일매일 태어나는 어린아이와 같다고 주장한다.

장자가 말하곤 하던 "자아가 없다"라는 표현도 자아의식 자체가 없다는 말이 아니다. 도리어 편견에 사로잡힌 세속적 자아를 걷어내고 무의식의 힘을 길어올려 '진정한 자기'를 끌어냈다는 의미이다. 너무 바빠서 다른 생각할 틈도 없이 사는 현대인이야말로 가끔 내 속에 어떤 무의식이 있는지 떠올리며 살아야 하는 건 아닐까. 미국 드라마 〈소프라노스〉의 대사처럼, 우리는 "가끔은 생각나는 것을 믿지 말고, '생각나지 않는 것'을 믿을 필요가 있다".

10

명상은 내 마음을 가꾸어주는 정원사

Nietzsche

우리는 자신의 충동을 정원사처럼 관리할 수 있다. 그리고
일부만이 아는 사실이지만, 분노, 동정, 심사숙고, 허영심을
마치 울타리에 달린 아름다운 과일처럼 쓸모 있는 것으로 키울
수 있다.

『아침놀』

莊子

안회顔回가 공자孔子에게 질문한다. "심재心齋에 대해 가르쳐
주십시오." 공자가 대답한다. "네 마음을 하나로 하라. 귀로
듣지 말고 마음으로 들어라. 마음으로 듣지 말고 기氣로 들어라.
귀는 소리를 들을 뿐이고 마음은 외적 현상을 받아들이는
작용에 불과하다. 그러나 기는 스스로는 '허'虛한 텅 빈 상태에
있으면서도 일체 만물을 받아들인다. 그래서 도는 오직 이
'허'에만 모이는 것이다. '허'가 곧 심재이다."

「인간세」

'얼짱', '몸짱'이라는 조어는 있는데 '혼짱'이나 '마음짱'이라는 단어는 왜 없을까?

'정원 가꾸기'는 니체가 내면의 발전을 말할 때 즐겨 쓰는 은유 가운데 하나다. 우리는 내면에 간직하고 있는 열정을 식물처럼 정성껏 키워야 한다. 이때 명상은 내 마음을 가꾸어주는 정원사 역할을 한다. 니체는 젊은 시절, 인도철학에 관심이 많았다. 그가 명상의 효용성을 여러 곳에서 언급한 것은 우연이 아니다.

종교철학자인 티모시 프리크^{T. Freke}는 명상의 역할에 대해 이렇게 말했다. "명상하는 사람들은 생각을 담을 수 있는 빈 마음을 자각한다. 더러운 물이 든 꽃병 흔들기를 멈추면 작은 입자들이 바닥으로 가라앉고 물이 다시 맑아지듯, 마음이 더는 동요하지 않고 의식이 맑아질 때 생각도 차분히 정리된다."

명상은 몸 안팎의 특정 자극에 정신을 집중하면서 마음을 고요히 가라앉히고 비우는 동양 전래의 정신 수양법이다. 서구에서도 명상은 존재한다. 라틴어로 메디타티오^{meditation}라고 하는데, 이는 모든 생각의 기초인 고요한 내면 의식을 뜻한다. 힌두교에는 매우 다양한 명상법이 있으며, 그중 가장 널리 알려진 명상법이 요가다. 명상은 과학적으로도 연구되면서 신경증, 심신증, 자율신경실조증 등에 치료 효과가 있는 것으로 나타났다. 오늘날에는 '마음 챙김^{mindfulness}'이라는 용어와 혼용해서 쓰인다.

명상은 우리가 사회에서 겪는 각종 피곤한 일들의 기억을 잠시 정지시킨다. 마치 아무리 큰 숫자라 하더라도 0을 곱하면 0으로 돌아가듯, 다양한 생각들이 빚어낸 몸과 마음의 긴장을 제로로 돌려놓는다. 명상은 새로운 사고가 가능하도록 의식을 고요한 백지상태로 만들어준다. 이 백지상태에서 우리는 새로운 것을 다시 채운다. 명상은 모순투성이의 현실을 차분히 관조할 수 있게 하는 힘, 세상과의 잠정적인 단절이다. 이 단절은 현실의 이면에서 보이지 않게 작동하고 있는 어떤 사회적 흐름을 제대로 포착하기 위한 의도적인 도피라고 볼 수도 있다. 사회로부터 한 발짝 뒤로 물러나 조용하게 관조해야만 사회가 더 잘 보이는 법이다.

장자의 아포리즘에서 공자가 제자인 안회에게 이야기한 것은 마음을 수양하고 기氣를 연마하는 방법이다. 기를 연마하는 데 도움이 되는 스승은 따로 있는 것이 아니라, 자기 자신이 곧 스승이다. 아포리즘에서 "귀로 듣지 않는다"라는 표현은 귀 같은 감각 기관에 휘둘리지 말고 마음의 안정에 집중하라는 뜻이다. "마음으로 듣지 않는다"라는 것은 지혜나 사고를 버리고 마음을 비우라는 의미이다. "기로 들어라"라고 할 때 이 '기'란 비록 시각적으로는 파악할 수 없지만, 분명히 존재하는 그 무엇이다.

또 다른 장자의 아포리즘에서는 인위적 가치체계에 매몰

되지 않는 진인眞人의 건강한 삶의 태도로, "억압받지 않는 사람은 꿈도 꾸지 않는다"로 표현하고 있다. 진인은 마음이 불안하지 않기 때문에 잠을 잘 때 꿈도 안 꾸고 깊이 잔다.

우리 내면에는 이미 나의 친구(무의식이자 진정한 자신)가 존재한다. 명상은 이 친구와 만나는 기술이다. 우리는 생각을 보다 유연하게 가질 필요가 있다. 우리가 상대하는 것의 대부분은 세상 자체가 아니라, 세상과 관련된 우리의 생각, 우리의 기대, 우리의 개인적인 이해관계다. 연애할 때 감정소모전의 대부분은 상대방이 아니라 상대에 대한 내 생각이 원인일 때가 많다. 어떤 '사실'을, 그것에 관한 '생각'이나 '판단'과 구분하긴 쉽지 않다. 우리가 삶에서 '경험'하는 것의 대부분은 '상상'한 것이다. 이에서 벗어나기 위한 좋은 처방 가운데 하나가 바로 명상, 혹은 마음 챙김이다. 하루에 한 차례 정도 잠깐 멈춰서 고요한 마음 챙김을 통해 '있는 그대로'의 자기 자신을 받아들이는 연습을 해보는 것은 어떨까?

제3장
인간과 지성

어떤 인간이 진정 강한 인간인가? 그런 자는 자기 자신을 이겨내며, 세속을 넘어 자연과 하나가 된다. 비천한 자와 거리를 두라. 그리고 다양한 가치를 인정하라. 허영심 강한 자가 오히려 당당하며, 권력은 늘 지식과 야합하여 우리를 기만한다. 도덕을 강조하는 이조차 도리어 도덕의 타락을 숨기고 있을 따름이다. 일체의 보편적 이념을 의심하라. 고전은 옛 사람의 찌꺼기일 뿐이니, 옛사람의 흔적을 애써 구하지 말라. 재능은 이미 내 안에 갖춰져 있다. '옳고 그름'을 넘어 '좋고 나쁨'으로 나아가라. 그리고 삶의 의지를 약화시키는 지식과 도덕의 함정을 벗어나라.

1

강한 인간이란 모든 존재를

사랑하는 인간이다

Nietzsche

괴테는 가능한 많은 것들을 수용했다. 그는 '전체성'을
바랐으며, 이성과 감성, 감정, 의지의 분리에 맞서 싸웠다.
그는 강하고 교양이 있는 인간을 바랐다. 자연의 모든 범위와
풍요로움을 과감하게 허용하면서 이런 자유를 누릴 수 있을
만큼 충분히 강한 인간말이다.

『우상의 황혼』

莊子

하늘의 즐거움(천락天樂)을 아는 자는 살아 있을 때는 자연에
순응하여 행동하고, 죽을 때는 만물의 변화에 따른다. 고요할
때는 음陰과 그 덕을 같이하고, 움직일 때는 양陽과 더불어 그
흐름을 같이한다. 이런 까닭에 하늘의 즐거움을 아는 자는
하늘의 원망을 사지 않고 사람에게 비난을 받지 않으며 외적
사물로부터 방해받지도 않고 귀신에게 벌을 받지도 않는다.

「천도」

니체에게 강한 인간이란 알렉산더나 칭기즈칸 같은 사람이 아니다. 괴테 같은 사람이다. 니체가 강한 인간의 전형으로 괴테를 꼽은 이유는 그가 '전체성'을 구현했기 때문이다. 괴테는 주변 사람에게 일관되게 관용을 베풀었지만, 그것은 주위 사람들에 대한 두려움이나 특별하게 원하는 것이 있었기 때문이 아니라, 그 자신이 강했기 때문이었다. 이 강함은 모든 것을 끌어안을 수 있는 폭넓은 사고에서 나온다. 니체는 말한다.

> "존재하는 것에서 빼버릴 것은 하나도 없으며, 없어도 되는 것은 없다."
>
> 「비극의 탄생」,『이 사람을 보라』

장자는 '전체성'의 구현을 '하늘의 즐거움'에 빠진 인간에 비유하고 있다. 그는 세상에 존재하는 모든 것을 공평하게 사랑하는 태도를 흥미로운 방식으로 풀어낸다. "고요할 때는 음陰과 그 덕을 같이 하고, 움직일 때는 양陽과 더불어 그 흐름을 같이 한다"라는 표현은 한 인간이 남성적인 면陽과 여성적인 면陰을 모두 갖춰야 한다는 의미다.

이러한 상반된 가치의 공존은 특히 오늘날 시사해 주는 바가 크다. 노자도 비슷한 언급을 했다. "남성적인 강함을 알고, 여성적인 유약을 지키면, 천하가 그에게로 돌아간다."(「28장」,

『노자』) 괴테 또한 남녀를 불문하고 남성적인 특성과 여성적인 특성을 함께 지닌 인간이야말로 바람직한 인간형이라고 설파했다.

칼 융은 이에 관해 아니마anima, 남성 속에 있는 여성성와 아니무스animus, 여성 속에 있는 남성성 개념을 사용해 설명했다. 남성은 자신의 내면에 있던 여성성과 친해져야 하고, 여성 또한 자신의 내면에 잠재되어 있던 남성성과 가까워져야 한다. 이 언급들은 대립 관계에 있던 모든 것들의 참된 통합이 내면에서 달성되어야만 한다는 점을 강조한 것이다.

융은 아니무스와 아니마를 각각 하늘의 성질을 갖는 정신과 땅의 성질을 갖는 심혼으로 설명하기도 하였다. 그런데 융보다 대략 200여 년 전에 일본 에도시대 중기에 살았던 인물인 안도 쇼에키安藤昌益는 놀랍게도 융과 비슷한 말을 우리에게 전해 주고 있다.

"남자 안에 여자가 갖춰져 있고, 여자 안에 남자가 갖춰져 있다. 그러니 남자와 여자는 한 사람이다."

장자가 볼 때, 이러한 상반된 가치의 혼성을 내면에 간직하고 모든 존재를 사랑하는 인간이야말로 진정으로 강한 인간이다.

2

인간을 넘어선 '인간',

초인超人과 진인眞人

Nietzsche

신은 죽었다. 우리는 이제 위버멘쉬가 등장하기를 바라노라.
위버멘쉬가 이 대지의 뜻이다. 하늘나라에 대한 희망을
설교하는 자들을 믿지 말라! 사람은 짐승과 위버멘쉬 사이를
잇는 밧줄, 심연 위에 걸쳐 있는 하나의 밧줄이다. 사람이
위대한 이유는 그가 목적이 아니라 하나의 교량이기 때문이다.
사람에게 사랑받아 마땅한 점이 있다면, 그가 하나의 과정이요
몰락이기 때문이다. 몰락하는 자들이야말로 저기 저편으로
건너가고 있는 자들이다.

『차라투스트라는 이렇게 말했다』

莊子

혼융된 것도 하나의 관점이지만, 낱낱이 흩어져 있는 것도
하나의 관점이다. 그 혼융된 하나의 관점으로 하늘(자연)의
무리가 되고 낱낱이 흩어져 있는 관점으로 사람의 무리가 된다.
하늘(자연)과 사람은 서로 대립하지 않는다. 이러한 경지에
이른 사람을 바로 진인이라고 한다.

「대종사」

위버멘쉬는 새로운 종種으로서 기존의 인간 유형을 파괴하고 극복하는 새로운 존재이다. 이 개념은 종래의 인간성에 대한 근본적인 해체를 상징한다.

니체에 따르면 우리 인간은 그저 동물일 뿐이다. 다만, 자연을 파괴하면서 문명을 일구어내는 특별한 동물이다. 현실에 만족하지 않고 끊임없이 새로운 세계를 만들어나가는 '미완의' 존재로서의 인간, 이것이 니체 인간학의 핵심이다. '미완'의 존재인 인간은 앞으로 나아가 위버멘쉬가 될 수도 있고, 뒤로 물러나 짐승 같은 존재가 될 수도 있다. 인간은 이 짐승과 위버멘쉬 사이에 존재한다. 니체는 이렇게 말한다

"너희들은 벌레에서 시작해 사람에 이르는 길을 걸어왔다. 그러나 너희들은 아직도 벌레에서 벗어나지 못했다. 너희들은 한때 원숭이였다. 그리고 여전히 그 어떤 원숭이보다도 더 원숭이다."

『차라투스트라는 이렇게 말했다』

니체에 의하면 최악의 적은 극복되어야만 하는 기존의 자기 자신이다. 니체는 우리의 삶 자체가 하나의 예술작품이며 '자신의 삶'이라는 예술작품을 조각하는 행위를 '스스로 생산하는 예술작품'이라고 말하기도 한다. 위버멘쉬는 고정된 가치

체계에 머물러 있는 인간에 대한 '구토'와 경멸을 극복하면서, 이 인간을 단지 하나의 소재이며 조각가의 손이 필요한 보기 흉한 돌로 간주한다. 여기서 고정된 가치체계에 머물러 있는 인간은 경멸의 대상일 뿐 아니라 "극복되어야 할 그 무엇이다".

장자의 진인眞人도 평범한 인간 이후의 새로운 인간이다. 장자의 아포리즘이 기록되어 있는 「대종사」는 '크게 중심으로 삼은 스승'이라는 의미다. 여기서 스승이란 진인·지인포人·신인神人 등의 이상적 인간형을 말한다. 참된 지혜란 인간과 자연의 조화로운 관계를 이해하는 것이고, 변화가 만물의 본래 모습임을 꿰뚫어 보는 통찰이다. 참된 지혜를 체득한 이상적 인간형은 생사마저도 잊어버릴 수 있으므로, 평범한 사람들에게나 통용될 수 있는 위협이나 질책은 그들에게 별 영향을 주지 못한다.

장자는 '하늘의 무리가 됨'을 통하여 동양사상의 가장 중요한 명제 가운데 하나인 천인합일을 말한다. 자연과 인간은 같은 종류이고 상통한다는 것이다. 니체의 위버멘쉬는 매미가 허물을 벗듯 기존의 존재가 새로운 존재로 전환되어야만 한다는 '변화의 과정'에 방점이 찍혀 있지만, 장자의 진인은 협소한 세속의 가치를 뛰어넘어 천지 대자연과 하나가 될 것을 강조한다. 대자연의 생명력을 발판 삼아 기존의 인간을 뛰어넘는다는 점, 인간과 인간 이외의 모든 대상을 함께 고려하는 다층적인 존재라는 점에서 두 인간형은 일치하는 면이 있다.

3

비천한 자와 거리를 두라

Nietzsche

'거리를 두는 파토스' 없이는 한 영혼의 내부에서 새롭게
거리를 확대하려는 열망, 좀 더 긴장되고 좀 더 포괄적인
상태를 형성하려는 갈망은 생기지 않을 것이다.
다시 말해 '인간'이라는 유형의 향상, '인간의 지속적인 자기
극복'에 대한 갈망 말이다.

『선악을 넘어서』

莊子

대붕大鵬이 남쪽으로 날아갈 때 날개로 수면을 치면 물보라가
3천 리나 되고, 회오리바람처럼 휘돌아 9만 리나 올라가서
여섯 달 동안 날아가서야 쉰다. 매미와 작은 비둘기는
대붕의 모양을 보고 비웃으며 말했다. "내가 빠르게 날아
느릅나무와 박달나무에 가지만, 때로는 이르지를 못하고 땅에
나가떨어지는 수가 있다. 그렇건만 무슨 필요가 있어서 9만
리의 높은 하늘에 올라 남쪽을 향해서 난다는 것일까?" 시골
들판에 나가는 사람은 세끼 식사만으로도 배가 부른 법이지만,
백 리 길을 가는 사람은 하룻밤 걸려 곡식을 찧어야 한다.
그러니 이 자그만 날짐승들이 대붕의 큰 뜻을 어찌 알겠는가?
작은 지혜는 큰 지혜에 미치지 못하고, 짧은 수명은 긴 수명에
미치지 못한다.

「소요유」

파토스Pathos란 고대 그리스 철학의 개념으로 열정, 정념, 충동 등의 의미를 지닌다. 특정한 시대의 지역이나 집단의 관습, 사람에게 도덕적 감정을 갖게 하는 보편적인 도덕적·이념적 규범인 에토스Ethos와 대립 되는 개념이다. 니체는 자신만의 '힘에의 의지'에 충실하면서 결코 특정 이념이나 타자의 일방적인 억압에 끌려 들어가지 말 것을 요구했다. 그는 개성이 부족한 집단주의에 대항하면서 '거리를 두는 파토스Pathos der Distanz'라는 개념 장치를 제시했다. '거리를 두는 파토스'란 쉽게 이야기해서 시시한 유행이나 좇는 집단과 대중에게서 멀리 떨어져 자신만의 개성을 추구하라는 의미다.

> 인간과 인간 사이의 간격, 계층과 계층 사이의 간격, 유형의
> 다수성, 자기 자신이고자 하는 의지, 자신을 두드러지게 하고자
> 하는 의지, 내가 '거리를 두는 파토스'라고 부르는 것은 모든
> 강한 시대의 특징이다. 오늘날에는 극단적인 것들 사이의 긴장과
> 간격이 점점 더 줄어들고 있다. 극단적인 것 자체가 희미해져
> 결국은 유사하게 되어버린다.
>
> 『우상의 황혼』

니체에 의하면, '좋음'이란 누군가로부터 부여된 것이 아니라, 그 자신으로부터 비롯되어야만 한다. 이런 사람을 니체는

'고귀한 인간'이라고 불렸다. 이 고귀한 인간에게 '좋음'은 인위적으로 꾸며진 게 아니라 자신의 본성에서 나온다. 이런 인간은 귀족적인 침착함을 지닌 강력한 인물, 곧 자기 자신의 본성이 갖는 욕구에 따라 가치들을 결정하는 능력을 소유했다. 이는 모든 고귀한 본성과 주인의 본성을 갖춘 인간들의 공통된 특성이다. 이들은 돈이나 재산, 직위나 신분에 구애받지 않고 자신에 대해 긍지를 품을 수 있는 인간이다. 또한 스스로 충만하고 넘치는 힘의 감정이 있으며, 헌신하며 베풀고자 하는 풍요로운 의식을 가진 인간이다. 그러나 우리 대부분은 길들어져 있는 노예의식을 조금씩은 지니고 있다. 학교, 회사와 같은 조직사회에서 관리자와 시간에 얽매여 살아가는 것이 우리 현대인들의 일상이다.

니체에 따르면, 고귀한 인간은 최상급과 저급한 것의 '거리감'에서 비로소 가치를 창조한다. 그리고 바로 그 지점에서 "이름을 붙이는 권리를 획득"한다. 남을 무엇이라고 규정하는 권리를 획득하는 것이다. 니체의 '이름-권력'에 관한 인식은 고대 동북아시아의 정치 논리인 정명正名 사상과 유사한 측면이 있다. 공자에 의하면 올바른 정치란 "왕은 왕다워야 하고, 신하는 신하다워야 하며, 아버지는 아버지답고, 자식은 자식다워야 한다."(「안연」, 『논어』) 왕의 행동은 왕이라는 명칭과 부합되어야만 한다. 당연히 신하는 신하의 명칭에 부합하는 행동을 하면

된다. 아버지와 자식도 마찬가지다. 여기서 자식과 왕의 '거리'
는 상당히 멀다. 니체의 '거리를 두는 파토스'에는 '고귀함'과
'미천함', 혹은 '귀족'과 '천민'을 나누는 계급 논리가 분명히 깃
들어 있다.

장자의 아포리즘에 보이는 큰 지혜와 작은 지혜의 대비도
우월한 존재와 열등한 존재 사이에 '거리를 두는 파토스'가 보
인다. 장자는 상대적이면서 제한된 판단만을 보이는, 즉 현상
적인 사실에만 국한되어 있는 '작은 지혜'의 한계성을 지적한
다. 그리고 이 한계성을 피해갈 수 있는 전략으로 '큰 지혜'를
제시한다. 우리 현대인들은 대부분 작은 날짐승 같이 '작은 지
혜'에 갇혀 살아가는 존재라고 볼 수 있다. 마음속으로는 모든
것을 벗어 던지고, 보통의 사람들과 '거리'를 두면서 창공을 거
침없이 날아가는 새처럼 살아가고 싶을지도 모른다. 하지만 이
러한 삶을 영위하는 것은 각자가 속해 있는 생활세계로 인해 실
현 불가능하다. 가끔 우리들은 작은 날짐승들이 대붕을 비웃듯
이 자기만의 자유의지를 발휘하는 사람들을 위험하거나 철없
는 사람으로 치부하곤 한다. 이것이 우리 대부분의 자화상이다.

우리는 오늘도 어떤 목표를 위해 자신을 닦달하면서 노력
한다. 그러나 이 목표가 순전히 내가 원하던 목표가 맞다고 말
할 수 있을까? 혹시 사회적 맥락에서 강요받아온 목표는 아닐
까? 장자는 대붕을 이렇게 묘사한다.

"북쪽 바다에 물고기가 있는데 그 이름을 곤鯤이라고 한다. 곤의

크기는 몇천 리나 되는지 알 수가 없다. 곤은 변화해서 새가

되는데 그 이름을 붕鵬이라고 한다. 붕의 등은 또 몇천 리나

되는지 알 수가 없다. 떨쳐 날면 그 날개는 마치 하늘을 덮은

구름과 같다."

「소요유」

이렇게 한번 가정을 해보자. 여기에 자기 주도적인 삶을 살아가는 고귀한 인간, 혹은 '대붕'과도 같은 엄청나게 큰 뜻을 품은 인간이 있다. 그리고 저기 가장 먼 반대편에 철저하게 남의 호흡에 끌려가는 인생을 살아가는 비루한 인간, 혹은 아주 작은 뜻을 지닌 인간이 있다. 이 두 인간형은 서로 아주 먼 '거리'로 떨어져 있다. 이 두 인간형 사이에 우리는 어느 정도 '거리'에 놓여있을까? '고귀한 인간'과 '대붕과 같은 인간'으로부터 나는 얼마나 가깝게 자리 잡고 있을까?

4

다양한 가치를 인정하자

Nietzsche

선의 위계가 어느 시대에나 확고하고 동일한 건 아니다. 누군가 정의보다 복수를 선택한다고 해도 과거 문화의 척도로 볼 때 그는 도덕적이고, 지금의 문화 척도에 의하면 비도덕적이다. 선의 위계 자체는 도덕적 관점에 따라 수립되거나 전복되지 않는다. 그때그때의 결정에 따라 어떤 행위가 도덕적인지, 비도덕적인지 결정된다.

『인간적인 너무나 인간적인 I』

莊子

저것이라고 하는 것은 나를 이것이라고 하는 데서 생긴 것이고, 이것이라고 하는 것도 저것이라고 하는 나와 대립해서 생긴 것이다. 즉 저것과 이것이라고 하는 것은 서로 나란히 아울러 생긴 것이다. 보는 방식을 바꾸어 보면, '생生'과 아울러 '사死'가 있다. '가능함'과 아울러 '불가능함'이 있다. '옳음'에 의해 '그름'이 존재하며, '그름'에 의해 '옳음'이 존재한다.

「제물론」

니체에 의하면 개념은 실재로부터 다양성을 박탈하고, 인간의 경험으로부터 독창적인 풍부함을 제거하는 살풍경한 도식이다. "이것이 유일한 진리다"라는 주장도 다른 가치들을 억압하는 살풍경한 도식일 뿐이다.

가치는 생생한 삶을 위해 존재한다. 삶의 특징은 다양성에 있으며, 우리는 하나의 절대적 가치 대신에 우리의 생생한 삶을 드높일 수 있는 다양한 가치를 인정해야 한다. 니체에 의하면, 사실이란 존재하지 않으며 단지 해석만 있을 뿐이다.

고대 그리스의 철학자인 프로타고라스Protagoras 에 의하면 인간은 모든 것들의 척도다. 여기서 척도가 되는 사람은 하나의 단일한 실체로서의 인간이지, 인류는 아니다. 프로타고라스는 보편타당하고 객관적인 진리는 없다고 주장했다. 그리스 철학자들의 객관적인 진리의 부정, 가치의 상대성 강조, 주재자에 대한 부정적 관점은 장자와 니체의 사유와 많은 부분 흡사하다.

인간의 문화는 환경에 따라 다양하게 나타난다. 예컨대 문화권에 따라 음식에 대한 금기가 상이하다는 걸 떠올려보자. 인도의 힌두교도들은 쇠고기를 먹지 않으며, 회교도들은 돼지고기를 금지한다.

이것과 저것, 생과 사, 옳음과 옳지 않음 등은 상대적으로 설정되는 것이다. 그 어떤 대상도 상반된 다른 대상이 없으면 존재할 수 없다. 명제가 있으면 반드시 그에 상응하는 반反 명제가 있다. 자연 세계는 균형을 원하기 때문이다.

장자는 만물을 그 자체로 보려고 했다. 장자에 의하면 절대적 표준은 있을 수 없으며 모든 사물은 항상 상대성을 지닌다. 이런 인식 역시 기본적으로 상대주의에서 출발했다. 이는 옳고 그름이라는 도덕적 판단과는 상관이 없다. 각각의 사물에는 모두 나름의 특징과 용도가 있다. 예를 들어 수레와 배는 각각 땅 위와 물 위에서만 효용성을 발휘하지만 둘 다 사람에게 꼭 필요한 교통수단이다. 특정한 어떤 것이 아름답다고 얘기하는 것은 단지 자신의 입장에서 볼 때 그렇게 바라보는 것이 유리하기 때문이다. 우리는 종종 자신의 부도덕함을 감추기 위해 도덕을 내세우기도 한다. 논리정연하고 그럴듯해 보이는 거짓말을 해본 경험은 누구에게나 있을 것이다. 모든 '도그마'적 개념 설정은 같지 않은 것을 똑같이 취급한 데서 유래한다. 사람들은 저마다 몸담은 학문 영역에 따라 본인은 옳고 상대방은 잘못되었다고 비판한다. 장자는 이를 자연의 대도大道의 관점에서 볼 때 하찮은 태도라고 여겼다.

5

허영심 강한 자는 자신을 믿지
못하기에 결핍을 숨긴다

Nietzsche

우리는 진열 가게 같은 존재다. 우리는 타인들이 우리에게
귀속시키는, 겉으로 드러난 특징들을 끝없이 정돈하거나
감추거나 혹은 드러낸다. 우리 자신을 속이기 위해서.

『아침놀』

莊子

조상曹商이란 사람이 송나라 왕의 사신으로 진秦나라에 가게
되었다. 진나라에 도착하자 왕이 그를 환대하며 수레 100채를
주었다. 조상은 송나라로 돌아와 장자를 만나 말한다. "이렇게
좁은 골목에 살면서 가난에 시달려 신이나 만들어 팔고 얼굴은
누렇게 떠서 사는 것에는 나는 서투릅니다. 하지만 군주를 만나
깨우쳐주고 수레 100채를 받는 일에는 능숙합니다." 장자가
말한다. "진나라 왕은 병이 생겨 의원을 불렀을 때, 고름을 짜
준 자에게는 수레 한 채를 주고 치질을 핥아 준 자에게는 수레
다섯 채를 주었다고 합디다. 그리고 치료하는 곳이 더러운
곳일수록 더욱 많은 수레를 주었다고 합디다. 당신도 그의
치질을 핥아 고쳐 준 겁니까? 도대체 얼마나 핥아 주었기에 그
많은 수레를 받았습니까?"

「열어구」

니체가 볼 때, 허영심이 강한 사람은 자기의 삶을 살아가는 것이 아니라 남으로부터 인정받으려는 충동으로 살아간다. 이들은 유행하는 책만을 읽고, 익명성에 머물러 대중의 생각만을 좇는다. 자신을 믿지 못하며, 겉치레로 내면의 결핍을 숨긴다. 그래서 생긴 공허감을 자기 과시로 메우려 들기도 한다.

니체는 이데올로기 효과로서의 허위의식을 비판한다. 특히 철학이 현재의 삶의 가치를 깎아내리고 종교적인 '저편의 초월적 세계'를 중시하도록 부추기는 태도에 대해 일침을 가한다. 고대 그리스의 철학자 에피쿠로스는 말했다.

> "혹시 갖고 있지 않은 것을 쳐다보다가 갖고 있는 것마저 망치고 있지는 않은가. 우리가 갖고 있는 것들이 행운의 선물임을 기억해야 한다."

니체는 헛되기는 하지만, '가상 현실' 자체를 문제 삼지는 않았다. 지금의 세계를 바꾸고자 하는 자는 먼저 바람직한 세계를 상상해야 하기 때문이다. 이러한 '거짓'은 삶을 풍성하게 하는 데 보탬이 된다. 문제는 종교적 피안의 세계를 포함한 상상의 세계가 생생한 삶을 부정하고 도피하는 데 활용될 때 발생한다. 철학이 생생한 삶을 함양하는 데 걸림돌이 되는 사태를 니체는 "철학의 역사란 삶을 펀드는 것에 대한 은밀한 분노"라고 표현했다. 삶의 세계보다는 저편의 '피안의 세계'를 찬양하는 철학자를 두고 니체는 『차라투스트라는 이렇게 말했다』에서 '죽음의 설교자들'이라고 부르기도 했다. 이들은 쥐 떼를 강물 속으로 뛰어들게 하는 피리 부는 사나이 같다.

한편 장자는 아부하는 관료들의 허위의식에 대해 특유의 직설적 어법으로 통렬한 야유를 보낸다. 그는 자신을 모욕한 사람을 가만히 참지 않고 적극적으로 대응했다. 이 우화는 장자의 불우한 사회적 지위를 엿볼 수 있는 소중한 사료이기도 하다. 지식인의 허위의식을 질타하는 또 다른 우화도 있다. 노나라 애공哀公과 장자의 우화다.

"장자가 노나라 애공을 만났을 때 애공이 말했다. '노나라에는 유학자들은 많지만, 선생의 학문을 배우는 사람은 적습니다.' 장자가 응수했다. '노나라에는 유학자가 적습니다.' 애공이 물었다. '노나라 안에 사는 모든 사람이 유학자의 옷을 입고 있는데 어찌 유학자 수가 적다고 말씀하십니까?' 장자가 말했다. '제가 들은 바에 의하면, 유학자가 둥근 관을 쓰는 것은 천문天文을 알고 있다는 뜻이고, 네모난 신을 신는 것은 지형을 알고 있다는 뜻이며, 결玦이라는 구슬을 오색실로 꿰어서 허리에 차고 있는 것은 일에 대한 결단성을 의미한다고 합니다. 군자로서 그러한 도를 체득하고 있다면 굳이 그런 복장을 하지는

않을 것이며, 그러한 복장을 하는 사람이라고 해서 반드시

도를 안다고 볼 수도 없습니다. 공公께서 굳이 그렇지 않다고

생각하신다면 온 나라 안에 '유가의 도를 모르고 유학자의

옷을 입은 자는 사형에 처한다'라고 한번 포고해 보십시오!'

그래서 애공은 포고령을 내렸다. 포고를 내린 지 5일이 지나자

노나라에는 감히 유학자의 옷을 입는 자들이 사라져버렸다.

그런데 단 한 사람만이 유학자의 옷을 입고 궁궐 문 앞에 서

있었다. 이를 본 장자가 말했다. '노나라에서 유학자는 오직 한

사람뿐입니다. 아직도 많다고 말씀하실 수 있겠습니까?'"

「전자방」

고대 중국의 유학자들은 둥근 관을 쓰고 네모진 신발을 신

었다. 둥근 모자는 하늘을 형상화한 것으로 하늘의 때를 안다는

뜻이다. 네모난 신발은 땅을 형상화한 것으로 유가가 땅의 형세

를 파악하고 있다는 것에 대한 상징이다. 또한 결玦이라는 패

옥을 허리에 차고 다니면서, 일에 대한 판단력을 상징하도록 했

다. 노나라 애공이 장자보다 약 120여 년 전 사람이니 이 우화

는 가공된 이야기다. 애공은 재위 기간 중 당시 노나라에서 가

장 세력이 강했던 가문을 제거하려다 왕위에서 쫓겨났다. 비록

당시에 공자도 노나라에 있기는 했지만, 공자는 이미 정치를 단

념한 상황이라 등용할 수 없었다.

진정으로 도를 체득한 유자라면 굳이 둥근 관, 네모난 신발 등으로 자신을 치장하려 들지 않을 것이다. '별 볼일 없는 자가 제일 먼저 자서전 쓴다'는 말처럼 겉지장에 신경 쓰는 이는 오히려 도를 갖추지 못한 자들이다. 이런 지식인의 허위의식은 오늘날 한국 사회에 그대로 적용해도 될 만큼 생생해 씁쓸한 기분이 든다. 장자는 큰 도적인 도척의 입을 빌어 허위의식으로 치장된 도덕을 비판하기도 했다.

> "'도둑질에도 도道가 있습니까?' 도척이 대답했다. '어딘들 도가 없겠느냐? 도둑질하러 갈 때 방 안에 감추어져 있는 재물을 잘 알아맞히는 것이 성聖이고, 들어갈 때 맨 앞에 서는 것이 용勇이며, 맨 뒤에 나오는 것이 의義이고, 도둑질이 가능할지 불가능할지 아는 것이 지知이며, 훔친 재물을 공평하게 나누는 것이 인仁이다. 이 다섯 가지 덕이 갖추어지지 않고서 큰 도둑놈이 된 자는 아직 이 세상에 없었느니라.'"

「거협」

장자는 도척의 입을 빌려 빌려 역사적으로 존중 받아 온 성현들의 도덕적 가치들을, 도둑질할 때의 바람직한 자세에 빗대고 있다. 세상에도 큰 도둑과 작은 도둑들이 수없이 많다. 이들의 차이는 무엇일까?

6

권력은 늘 지식과 야합한다

Nietzsche

최고의 현자들이여, 그대들은 그대들을 몰아내고 선동하는
것을 진리에의 의지라고 말하는가? 그대들의 의지는 일체의
존재자가 그대들에게 복종하길 바란다. 그것들은 정신의
거울과 반영으로서 매끄러워야 하며, 정신에 복종해야만 한다.
최고의 현자들이여, 이것이야말로 그대들의 모든 의지다.
이것이 일종의 권력의지다.

『차라투스트라는 이렇게 말했다』

莊子

궤를 여는 도둑놈을 막아내려면 자물쇠를 단단히
채워두어야만 할 것이다. 이것이 보통 세상에서 말하는
지혜나 지식이다. 하지만 큰 도둑놈이 오면 궤를 통째로
등에 지고 달아나면서 오직 자물쇠로 채운 것이 헐겁지나
않은지 걱정한다. 그렇다면 지식이나 지혜란 곧 큰 도둑놈을
위해 재물을 쌓아놓은 것에 불과하지 않은가! 소위 세상에서
흠모하는 성인이란 큰 도둑놈을 위해 재물을 지키는 자가
아니겠는가? 제齊나라는 항상 성인의 법도를 따랐다. 하지만
전성자田成子는 하루아침에 제나라 군주를 죽이고 그 나라를
훔쳐버렸다. 어찌 훔친 것이 그 나라뿐이겠는가? 아울러
성인과 지자知者가 만든 법도까지 훔쳐버렸다. .

「거협」

니체가 볼 때, 순수하게 객관적인 진리를 찾고자 하는 철학의 여러 지적 작업도 지배의 의지를 밑바탕에 깔고 있다. 철학 이념이란 남을 지배하려는 고상한 충동일 수 있다. 니체에 의하면, 진리를 구하는 자는 진리를 구축하는 데 도움을 얻고, 과학의 성채 밑에서 보호를 얻기 위해 과학의 탑에 세워진 집터 옆에 오두막을 짓는다. 과학적 방법은 "이것이 진리야!"라는 것을 주장하고자 하는 사람에게 객관성을 보장하게 해주는 든든한 버팀목이 될 수 있기 때문이다. 과학은 어떤 주장을 합리화하는 데 보탬이 된다. 이타주의마저도 남에게 무엇인가를 바라거나 심지어 지배하기 위한 욕구가 그 안에 숨어 있을 수 있다.

> "이타주의 숭배는 특정한 전제 아래에서 규칙적으로 등장하는 이기주의다."

『유고(1888년 초~1889년 1월 초)』

우리는 역사를 바라볼 때 한 가지 기억해야 할 부분이 있다. 휴머니즘마저도 지배 이데올로기의 권력의지에 봉사할 수 있다는 사실이다. 후기 니체주의자로 분류되는 현대 프랑스의 철학자 미셸 푸코M. Foucault 의 지적에 의하면 마르크스주의, 실존주의, 개인주의, 심지어는 나치의 국가사회주의와 스탈린주의도 모두 휴머니즘을 내세웠다. 푸코에 따르면 모든 사회에서 지식 담론의 형성·유통·분배·소멸은 권력의 작용과 서로 뗄수 없이 연결되어 있다. 그리고 권력은 어떤 대상을 지식에 의해 배제하고 억압하는 데 그치지 않고, 적극적으로 개인을 구성하고 대상들을 생산하며 주체를 만들어내기도 한다. 푸코가 볼 때, 지식은 중립적이거나 보편적인 논리가 아니라 권력과 밀접히 연계되어 있으면서 하나의 조종과 지배를 목표로 한 정보체계이다.

니체에게 지식에의 의지는 곧 권력의지이다. 니체는 이렇게 말했다.

> "자신을 드러내는 것은, 근본적으로 자신의 권력을 타자에게로 확장하는 것이다. 권력은 오래된 지시 언어를 근거로 한다."

『유고(1882년 7월 ~ 1883/1884년 겨울)』

그런데, 이러한 니체의 말을 권력과 야합한 지식을 비판하는 맥락으로 이해해서는 안 된다. 니체는 지식의 권력화를 비판하는 것이 아니다. 지식을 포함한 모든 것은 힘을 확보하려는 경향이 있다는 점을 강조하는 것이다. 반면 장자의 경우에는 맥락이 다소 다르다. 장자는 지식의 권력화와 폭력성을 비판하면서, 결국은 지식 자체가 불필요함을 역설했다.

비록 전성자는 제나라를 훔쳤지만 이후 제나라는 매우 번

성했다. 전성자는 나라를 훔치면서 아울러 성인과 지혜로운 자들이 만든 법도까지 훔쳐버렸다. 누군가가 풍부한 철학적 안목과 창조적인 통찰력을 발휘하여 뛰어난 이념을 만들어도 이 이념들을 안목과 통찰력이 부족한 어떤 누군가가 정치적 목적을 달성하는 데 사용해버리곤 한다. 훔친 물건을 멋대로 사용하는 것과 그리 다를 바가 없다. 이런 사례는 역사 속에서 종종 발견된다. 힘을 강조하는 니체의 이념은 나치에 의해 잘못 이용되었고, 마르크스의 이론은 스탈린에 의해 왜곡되었으며, 유교는 일본 메이지 시기에 천황 이데올로기 구축을 위해 활용됐다.

장자의 냉소적인 시각에 의하면 사람들은 나라를 탈취하는 데 실패한 자를 도둑으로 간주하여 손가락질하고, 감쪽같이 나라를 빼앗은 것에 성공한 자를 성인이라 일컬으면서 칭송한다. 따라서 세간에서 칭송하는 성인이란 도둑질을 성공적으로 잘 완수한 자다. 선과 악의 문제는 정치적인 판단에 따라 좌우되는 것이지 변하지 않는 원리에 의해서가 아니다. 성공하면 선한 것으로 합리화되고 실패하면 악한 것으로 폄하된다.

예를 들어 누군가가 쿠데타를 일으켜 많은 사람을 해쳤다고 치자. 쿠데타에 성공해 높은 지위를 얻은 자들은 그동안 자신이 한 잘못된 행위를 변명하고 합리화하기 위해 인의 같은 도덕을 필요로 할 수 있다. 이는 마치 향기가 짙은 소스로 맛없는 생선을 감추는 꼴이다. 쿠데타를 일으켜 제후가 된 사람은 그 이전에는 인의를 깔보았을 것이다. 인의라는 도덕 자체는 현재 진행형인 폭력에 별 도움이 되지 않기 때문이다. 하지만 일단 제후가 되면 이런 도덕적 가치를 대대적으로 찬양한다. 인의라는 가치를 제후가 아닌 다른 자들에게 주입함으로써 반란의 의지를 약화 시켜야 하기 때문이다. 여기서 인의와 같은 도덕적 가치는 사람들을 자발적으로 복종하게 함으로써 통치를 안정적으로 이끌어가는 데 도움이 된다. 게다가 강압적인 물리력을 동원할 때 필요한 통치 자금도 아낄 수 있다.

7

도덕 원칙들의 확장은

도덕적인 타락의 증거다

Nietzsche

선한 것과 악한 것은 이기적이냐 비이기적이냐가 아니라,
관습에 구속되어 있느냐 아니면 해방되어 있느냐에 따라
구별된다. 관습은 한 공동체, 한 민족을 유지시키는 것이
목적이다. 모든 관습은 근원에서 멀어질수록, 더 많이
잊힐수록, 계속 더 존중할 만해진다. 관습에 바쳐지는 존중은
세대가 지남에 따라 쌓여, 관습은 마침내 신성한 것, 외경심을
불러일으키는 것이 된다.

『인간적인 너무나 인간적인 I 』

莊子

'도'를 잃은 뒤에 '덕'이 나오고 '덕'을 잃은 뒤에 '인'이 나오며
'인'을 잃은 뒤에 '의'가 나오고 '의'를 잃은 뒤에 '예'가 나온다.
'예'란, '도'의 열매 없는 꽃이고 모든 혼란의 시작이다. 또한,
'도'를 닦는 사람은 나날이 덜어내고 또 덜어내어 무위에
이르러야 한다고 하지만 그렇다고 그가 하지 않는 것도 없다.

「지북유」

니체에 의하면 도덕은 인간이 온전히 동물이었던 때부터 발견된다. 이 말은 단순히 도덕이 머나먼 옛날부터 시작되었다는 것을 강조하는 것이 아니다. 도덕이란 우리가 상식적으로 생각하는 것과 다르게, 인간이 위대한 존재라는 것을 증명하는 어떤 거창한 기원을 갖지 않으며, 따지고 보면 그저 그런 사소한 이유로 발생했다는 것이다.

니체는 겸손한 것, 자신의 능력을 감추는 것, 자신을 집단에 편입시키려고 하는 것 등 세련된 사회에서 요구되는 술책들이 동물의 세계에서도 발견된다고 말했다. 인간세계에서 벌어지는 모든 세련된 방식은 동물의 세계에서도 발견된다.

니체는 이렇게 말했다.

"최고의 인간조차 자신이 먹는 음식 종류에 의해서만, 자신이 무엇을 적으로 생각하는지에 따라서만 자신을 향상시키거나 고상하게 만들었다는 사실을 떠올려보자. 이 경우 모든 도덕적인 현상은 동물적이라고 불릴 수 있을 것이다."

『아침놀』

한편, 장자는 "무위의 도를 잃은 뒤에 무위의 덕이 있고, 무위의 덕을 잃은 뒤에 인仁이 있으며, 인을 잃은 뒤에 의義가 있고, 의를 잃은 뒤에 예禮가 있다"며 도덕이라는 것의 현실을 되짚는다. 장자와 노자가 볼 때, 무엇을 하자는 제안은 현실에서 그 무엇이 실행되고 있지 않다는 뜻이다. 인의예지와 같은 도덕 원칙들의 확장은 오히려 도덕적으로 타락해 가는 현실을 말해주고 있는 것에 불과하다. 법조문이 많다는 사실은 그 사회가 그만큼 혼란스럽다는 반증이다. 윤리적 가치의 혼란은 필연적으로 강제성을 띤 제도적 가치를 부르기 마련이다. 역사 속에서 충신이 많이 등장했던 시대는 그만큼 더 좋은 사회라는 의미가 아니라, 사회적 모순이 격화되었던 시대라는 반증이다. 장자나 노자가 참된 인간형으로 내세우는 '진정한 도를 닦는 자'는, 나날이 외면의 허식을 덜어내어 무위의 경지에 도달하려 한다.

"지극한 '예'는 자기 자신을 남과 구별하지 않고, 지극한 '의'는 자기 자신을 사물과 구별하지 않으며, 지극한 '지'는 책모를 일삼지 않고, 지극한 '인'은 친함과 친하지 아니함의 구별이 없으며, 지극한 '신'은 금과 옥을 내버린다."

「경상초」

8

일체의 보편적 이념은 의심할
필요가 있다

Nietzsche

세상에는 진짜보다 우상들이 훨씬 더 많다. 이것이 이 세계를 바라보는 나의 '사악한 시선'이자, 나의 '사악한 귀'다. 나는 여기서 망치를 들고 의문을 제기해 보고자 한다.

『우상의 황혼』

莊子

덕은 명성을 추구하다가 상실되고 지식과 지혜는 다툼에서 나오는 것이다. 명성이란 서로 다퉈 불화하게 만들고, 지식과 지혜는 다툼의 도구가 된다.

「인간세」

"모든 가치의 전환. 이것은 인류에 있어 자기 성찰을 위한 최고의 정식이자 나의 삶이며, 나의 천재성이다."

『선악을 넘어서』

'모든 가치의 전환'은 『선악을 넘어서』만이 아니라 곧이어 나온 『도덕의 계보』의 부제로도 사용되고 있다. 정확한 부제는 '모든 가치의 전환을 위하여 한 심리학자가 쓴 예비 연구소'다. 1888년 봄부터 니체는 '모든 가치의 전환'이라는 부제를 단 『권력의지』라는 제목의 책을 기획하기도 했다.

니체는 보편적인 절대가치를 만드는 것 자체에 대해서는 별다른 유감이 없었다. 왜냐하면, 개인이 보편적인 절대가치를 만들어내는 행위도 세상에 대한 하나의 해석이기 때문이다. 하지만 개인이 자신의 해석에 불과한 인식 내용으로 모든 것을 설명하려 하면, 이때부터 문제가 발생한다고 봤다. 이것은 어떤 일에만 적합한 하나의 도구가 다른 모든 일에도 사용될 수 있다고 주장하는 것과 같다.

니체는 이렇게 말했다.

"철학이 담긴 객관적 주시는 의지와 힘이 부족하다는 징후일 수 있다."

『유고(1887년 가을~1888년 3월)』

진짜 뛰어난 사람은 자신이 뛰어나다는 사실을 굳이 남에게 설명하지 않는 법이다. 니체의 관점을 쫓아가 보면, 의지와 힘이 부족해 원하는 것을 얻지 못한 사람은 그 원인을 자신에게서 찾지 않고 어떤 객관적인 사태에서 찾는다. 직업 군인이라는 꿈을 이루지 못한 사람이 스파이가 되고, 소설가의 꿈에 실패한 사람이 소설평론가가 되며, 영화감독이 되려다 좌절한 사람이 영화평론가가 된다는 냉소적인 말이 있다. 니체는 기존에 통용되던 모든 가치관을 '망치'로 깡그리 부숴버린 뒤에야 사람들이 무엇을 새롭게 시작해야 할지 알게 될 것이라고 주장했다.

"지식과 지혜는 다툼의 도구가 된다"라는 장자의 시각도 보편적인 지식과 가치의 맹점을 지적한다. 보편적인 지식들은 서로 양보할 수 있는 관계가 아니다. 저마다 절대성을 지니고 있기 때문이다. 하지만 장자에 의하면, 모든 이론은 그 이론을 편 사람의 '관점'이 중요하다. 서로의 처지가 제각각 다르기 때문이다. 모든 사람은 사적 이해관계 속에서 자신의 이론을 세운다. 하지만 전체 세계를 모두 조망하지도 못하면서 모든 현상을 아우르는 보편적 이념이 있다고 주장한다면 이는 폭력이다. 일체의 보편적 이념은 의심할 필요가 있다. 보편적 가치를 하나의 이상으로 마음속에 지니되, 실질적으로는 여러 이론을 받아들이는 폭넓은 자세를 취해야 한다. 또 때와 장소에 따라 내가 받아들인 가치를 효율적으로 실천할 줄도 알아야 한다.

9

고전은 옛사람의 찌꺼기일
뿐이다

Nietzsche

철학자들에게 나타나는 특이함이 무엇이냐고 내게 묻는가?

어떤 것을 영원이라는 관점에서 탈역사화하고, 그것을 미라로

만들면서 그들은 그것을 영예롭게 만들고 있다고 믿는다.

철학자들이 지금까지 수천 년 동안 이용했던 모든 것은 죄다

개념의 미라들이었다.

『우상의 황혼』

莊子

책을 읽고 있는 제齊나라의 환공桓公에게 수레바퀴 만드는

장인인 윤편輪扁이란 사람이 "군君께서는 옛사람의 찌꺼기를

읽고 계시군요"라고 말하자 환공은 화를 냈다.

"어찌 수레바퀴 만드는 장인 주제에 그런 말을 하는가?"

"수레바퀴를 정확하게 만드는 비법은 오직 제 손에 의한

감각에 달려 있어서, 자식이더라도 배울 수 없으며 저 역시

배운 것이 아닙니다. 옛사람과 그들의 정신은 모두 죽고

없습니다. 지금 군께서 읽으시는 것도 옛사람들의 찌꺼기일

뿐입니다."

「천도」

니체와 장자의 관점에 따르면, 참지식인이라면 기존의 모든 영역의 지식을 의심하고, 이 공인된 지식이 도대체 어떤 기초 위에 세워졌는지, 그리고 결과적으로 무엇을 확립했는지를 따져 물어야만 한다. 니체와 장자는 진리라고 선전되는 일체의 절대적 가치의 신뢰성에 의심의 눈길을 보냈다.

장자는 '윤편'이란 자의 말을 통해 과거로부터 이어져 온 전통에 신랄한 비판을 가했다. 윤편이 보았을 때 과거에 얽매이면서 전진한다는 것은, 비유하자면 사역당하고 있는 죄수가 쇳덩이를 자기 발에 붙이고 끌고 가는 것이나 다름없다. 무턱대고 전통에 천착하는 사람들은 '자기 주인을 잃고 절망하는 나이든 하인'이라는 말도 있다.

니체는 오랫동안 이어온 박제화된 개념들을 주류 철학자들이 숭상하면서 생생한 삶의 가치를 훼손하고 있다고 생각했다. 심지어 그런 철학자들의 사유구조가 공허한 옛 가치를 추종하는 병든 자들의 뇌 질환에서 비롯된 것이라고 신랄하게 조롱했다.

중국 명나라 때의 양명학자 이탁오^{李卓吾}는 이렇게 말했다.

"사람들은 모두 공자를 성인이라고 한다. 나도 또한 그를
성인이라고 한다. 사람들은 모두 노자와 불교를 이단이라고
한다. 나도 또한 그것을 이단이라고 한다. 사람들이 진실로

성인과 이단을 아는 것은 아니다. 부모와 스승의 가르침을
듣고 그렇게 생각하게 되었기 때문이다. 부모나 스승도 진실로
성인과 이단을 아는 것은 아니다. 그들보다 앞서 산 선비들의
가르침을 듣고 그렇게 여겼을 따름이다. 선비들은 억측해서
그렇게 말하고, 부모와 스승은 그 말을 그대로 따라 암송했으며,
젊은이들은 장님이나 귀머거리처럼 철없이 그렇게 듣고는 모두
입을 모아 그렇게 말하니 그런 관념을 깨뜨릴 수가 없다. 그러나
천 년 이상을 그렇게 생각해 왔지만 스스로는 알지 못하고 있다.
그러면서도 '단지 내가 들은 말을 전하는 것일 따름이다'라고
말하지 않고 '이미 그 사람을 내가 안다'라고 말하며, '알지
못하는 것을 굳이 내가 아는 척하는 것이다'라고 말하지 않고
'아는 것을 안다고 하는 것이다'라고 말한다."

『속분서』

이탁오는 니체와 장자가 느끼던 문제의식을 똑같이 느꼈
던 인물이다. 이탁오가 직접적인 표적으로 삼은 것은 공자의 권
위에 기대어 사복을 채우고 그저 공자를 추종만 할 뿐 공자의
정신을 본받는 것에는 관심이 없는 가짜 도학자들이다. 이탁오
가 공격한 공자는 춘추시대의 공자가 아니라 우상화되어버린
후대의 공자였으며, 다양한 해석이 있을 수 있음에도 주희의 것
만을 신봉하는 주희의 유교였다.

　니체, 장자, 이탁오의 공통점은 사회적 통념에 억압당하는 것을 거부하면서 자연스러운 자신의 성향을 그대로 표출하고자 한 점이다. 그리고 그것을 실천하는 과정에서 사회로부터 이단아로 지목되고 손가락질의 대상이 되었다. 장자는, 비록 스스로가 선택한 길이긴 하지만 평생 사회의 중심부에 진입하지 못하고 주변부의 삶을 살았다. 이탁오는 자신의 급진적인 이념으로 인해 평생 핍박을 받다가 1602년 2월에 체포되어 3월 16일 북경의 옥중에서 자살했다. 그의 나이 76세 때의 일이다. 그의 모든 저작과 판본들은 소각되었고 청조에 들어서도 금서로 지정됐다가 근대에 이르러서야 재조명을 받았다. 그가 자기의 저서를 '불사를 책'이라는 의미인『분서焚書』혹은『속분서續焚書』로 명명한 점을 보더라도, 그의 사회를 향한 비장한 비판의식을 읽어낼 수 있다.

　니체의 경우는 이탁오와 같이 물리적인 핍박을 직접으로 받지는 않았지만, 기존의 이념에 대한 급진적인 해체는 당시 주류의 학문 공동체로부터 외면당했다. 니체가 이탈리아의 토리노 광장에서 정신을 잃고 결국 미쳐버린 것도 당시의 분위기와 일정 부분 관계가 있을 것이다. 하나의 도그마로 변질한 기존의 사상에 대해 철퇴를 가했다는 점에서 니체와 이탁오는 많이 닮았다. 니체가 말년에 정신병자가 되어 10년 동안 '조금씩' 그리고 쓸쓸하게 죽어 간 반면에, 이탁오는 늙은 나이에 감옥에서

'순식간에' 자살했다. 니체가 20세기를 통틀어 거의 모든 현대 사상가에게 지대한 영향을 주었듯, 이탁오는 향후 중국·한국· 일본의 혁신적인 근·현대 사상들에게 막대한 영향을 미쳤다.

어떤 시대든 두 종류의 독창적 인간형이 존재해왔다. 한쪽 은 무질서 안에서 질서를 창조하려는 부류이고, 다른 한쪽은 질 서에 맞닥뜨려 무질서를 만듦으로써 이에 대항하려 했던 부류 이다. 그 둘 사이의 긴장이 지식을 앞으로 나아가게 하는 것이 다. 니체와 장자, 이탁오는 질서에 맞닥뜨려 무질서를 만드는 것이 뭇 사람들의 생각처럼 혼란을 불러오는 것이 아니라, 이 세계에 완전히 새로운 가치를 창출할 수 있음을 보여줬다.

10

옛사람의 흔적을 구하지 말라

Nietzsche

경건하지 않은 골동품 수집가, 그는 예로부터 있던 것을
조심스레 돌보면서 자신이 생겨난 조건을 자기 뒤에 올 이들을
위해 보존하려 한다. 이런 영혼으로 인해 선조의 가구를
소유한다는 개념이 달라진다. 왜냐하면, 그 가구가 도리어
영혼을 소유하기 때문이다. 골동품적 역사는 삶을 보존할 뿐
생산하진 못한다. 골동품적 역사는 생성을 과소평가한다.

『반시대적 고찰』

莊子

미인인 서시西施가 가슴앓이 병 때문에 얼굴을 찌푸리고
있었다. 그러자 그 마을의 못생긴 여자가 그녀를 보고 아름답다
생각하여 집으로 돌아오자 자기 역시 가슴에 손을 대고 얼굴을
찌푸리며 온 마을을 돌아다녔다. 그 마을의 부자는 그 흉악한
모습을 보고는 문을 굳게 틀어 잠근 채 밖에 나가지 않았으며,
가난한 사람들은 그 흉악한 모습을 보고는 처자를 데리고
마을에서 도망가 버렸다. 그 못생긴 여자는 서시가 얼굴을
찌푸린 모습이 아름답다는 점은 알았지만, 이맛살을 찌푸리면
무엇 때문에 아름다워지는가 하는 원인은 몰랐다.

「천운」

니체는 역사를 읽는 방식 중 '골동품적 방식'이 있음을 이야기한다. 이 방식은 선조의 가구와 유물에서 그들의 혼과 정신을 발견하고, 이로부터 '나무가 자신의 뿌리에 대해 느끼는' 것과 같은 즐거움을 추구한다. 하지만 그러다 보면 항상 제한된 시야에 갇힐 위험이 있다. 또한 이미 한번 존재했던 것을 맹목적으로 찬양하는 것으로 비치기도 한다. 니체에 의하면, 골동품적 방식으로 과거의 전통을 다루는 사람은 현재의 생생한 삶의 가치를 얕잡아볼 가능성이 크다.

장자의 아름다운 서시와 추녀에 대한 비유는 내려오는 전통과 그것을 단지 답습하기만 하는 사람들에 대한 비유이다. 장자는 그저 답습하기 급급한 전통가치들을 아주 세련된 비유로 비판했다. 하나의 전통이 현실을 새롭게 탈바꿈시킬 수 있는 계기로 작용하는 것이 아니라 마치 굳은살처럼 인습화 되면, 이 추녀처럼 많은 사람을 괴롭힐 수 있다. 부자는 문을 닫아 버리는 것으로 추녀를 피할 수 있었지만 가난한 자들의 집은 닫을 문조차 없이 허름하므로 추녀를 피해 아예 마을을 떠나버린다. 전통이 잘못 기능하면 대개 사회 지도층들보다는 일반 서민들이 더 피해를 입는다.

일본 에도시대의 사상가 마츠오 바쇼松尾芭蕉는 다음과 같이 말했다.

"옛사람의 흔적을 구하지 말고 옛사람이 추구했던 것을 찾아라."

옛사람이 어떠어떠한 발자취를 남겼다는 것은 지금 이 시대를 살아가는 우리들에게 별 의미가 없다. 중요한 것은 그가 어떤 이상과 가치를 가지고 고민을 하였는가, 그것으로부터 얻어낼 수 있는 현실적 지침은 무엇인가이다. 지금 우리들의 입장에서 옛사람의 발자취를 냉정하게 평가해 보는 작업이 필요하다.

과거로부터 내려오는 전통이 그것에 영향을 받는 존재에게 무슨 의미를 지닐 수 있는지 생각해보게 하는 한 심리학 실험을 소개한다.

여기 우리가 하나 있다. 중심에는 사다리가 있고 그 위에는 바나나가 걸려 있다. 이 우리 안에 원숭이 5마리를 넣었을 때 무슨 일이 발생했을까?

우선 원숭이 가운데 한 마리가 바나나를 먹기 위해 사다리를 오른다. 하지만 실험자는 원숭이가 바나나를 먹기 직전에 천장으로부터 찬물이 쏟아지게 만들어 원숭이가 바나나를 먹지 못하게 했다. 하지만 다른 원숭이들은 비록 먼저 올라간 원숭이가 찬물 세례를 받는 것을 보았음에도 자신에게는 그러한 일이 일어나지 않을 것이라고 여기면서 바나나를 먹기 위해 사다리를 오른다. 물론 이들은 예외 없이 찬물 세례를 받는다. 이제 이

5마리 중 한 마리를 꺼내고 새로운 원숭이 한 마리를 우리 안에 넣는다. 이 원숭이는 당연히 바나나를 먹기 위해 사다리를 오르려 하지만 찬물 세례를 받은 경험이 있는 나머지 4마리가 아예 사다리 자체를 올라가지 못하게 말린다. 새로 들어온 원숭이가 말을 듣지 않자 때리면서까지 말린다. 맞은 원숭이는 자기가 왜 맞는지 그 이유를 모른다. 이미 찬물 세례를 받은 경험이 있는 원숭이 중 한 마리를 또다시 꺼내고 새로운 원숭이를 들여보낸다. 역시 같은 상황이 발생한다. 이 실험을 반복하다 보면 결국, 우리 안에는 찬물 세례를 받은 경험이 없는 원숭이들만 존재하게 되는데 이들은 또 다른 원숭이가 우리 안에 들어와 사다리를 오르려고 하면 기를 쓰고 말린다. 여기에서 중요한 건 바로 이것이다. 이 원숭이들은 자신이 왜 다른 원숭이를 말리는지 스스로도 알지 못한다는 것. 원숭이들이 바나나를 먹을 생각조차 하지 못하고 이유도 모르는 채 사다리를 올라가지 못하게 하는 '행위'만이 하나의 '전통'으로 남는다.

심리학 실험을 하나 더 소개해보자. 이 실험은 집단이 개인을 억압했을 때 그 개인에게 어떠한 영향이 나타나는지 알아보기 위해 설계되었다. 일곱 명을 선택하여 '인식'에 대해 실험한다고 말해준다. 그런데 일곱 명 중 여섯 명은 가짜 피실험자들이고 진짜 피실험자는 한 명뿐이다. 실험에서는 25센티미터 길이의 선과 30센티미터 길이의 선이 그려진 종이를 일곱 명에게 보여준다. 가짜 피실험자 여섯 명은 늘 25센티미터 선이 30센티미터 선보다 길다고 대답하도록 하고, 한 명의 진짜 피실험자만 매번 교체한다. 이렇게 실험을 계속 진행한 결과, 진짜 피실험자 중 60퍼센트 정도가 30센티미터보다 25센티미터가 더 길다고 답변하는 것으로 나타났다. 이렇듯 집단으로부터의 억압은 사실을 왜곡되게 보이도록 할 수 있다.

어떤 전통이 의의가 있다고 여겨질 때, 애초 그 전통이 어떠한 맥락에 의해 수립되었는지 잘 모르고 답습하는 경우가 많다. 지금 현대 사회에서 긍정적 가치를 부여받고 있는 전통이 있더라도 그 전통이 형성된 시대의 맥락을 짚어보는 습관을 지녀야 한다. 전통은 단순히 전통이기 때문에 따르는 것이 아니다.

11

재능은 이미 나에게 갖춰져

있는 것이다

Nietzsche

세상에는 어느 누구도 아닌, 오로지 나만 걸어갈 수 있는 길이

하나 있다. '이 길은 어디로 이어지는가' 묻지 말고 그저 걸어라.

사람은 그 길이 자신을 어디로 데려갈지 모를 때 가장 높이

오를 수 있는 법이다.

『반시대적 고찰』

莊子

비록 형벌로 한쪽 발이 잘렸지만 인품으로 유명한 '왕태'라는

자가 있었다. 공자의 제자가 그에 대해 물었다.

"왕태는 외발이인데도 그를 추종하는 자들이 많고, 그는

아무것도 가르치는 게 없는데 사람들은 그를 만나면 마음이

가득 채워진다고 합니다. 사람들은 왜 그에게 모여드는

것입니까?"

공자가 대답했다.

"사람들은 정지된 물을 거울 삼아 자기를 들여다본다. 멈추길

원하는 자가 있다면 오직 잔잔한 물만이 그를 멈추게 할 수

있다."

「덕충부」

세상에 어떤 누구도 내 인생을 대신 살아줄 수 없다. 인간은 모두 자신의 삶을 스스로 결단하면서 살아가는 존재다. 니체에게 교육이란 인간을 자립적·독자적 존재가 되도록 이끄는 훈련이다. 이 훈련을 통해 교육의 수혜자는 그동안 얽매였던 여러 억압으로부터 해방되고, 그동안 무턱대고 따르기만 했던 대상들을 비판할 수 있는 안목을 키운다. 이 과정에 따라 사람은 자신의 영혼을 지배하고 명령하는 삶의 주인이 되어간다. 또한 내가 나 자신을 있는 그대로 받아들일 수 있는 능력을 키워간다. 최종적으로 교육은 "자기 자신의 선생이자 자기 자신의 조각가"가 될 수 있도록 이끌어야 한다. 마치 엄마가 아기의 기분이나 상태를 유심히 관찰하듯, 나 자신 속의 또 다른 '나'를 자기 아기처럼 돌보는 것이다.

장자에게도 교육은 '나 자신'이 되는 훈련이다. 장자의 아포리즘에서 왕태는 도가 사상이 생각하는 이상적인 교육자의 상이다. 왕태는 서 있을 때도 가르치는 것이 없고 앉아 있을 때도 의논하는 일이 없다. 하지만 마음을 비우고 그를 찾아간 사람은 마음이 가득 채워져서 돌아왔다.

왕태는 일체의 차별상을 초월한 존재로 묘사되어 있다. 하지만 왕태가 비록 이런 경지를 터득했다고 하더라도 그것은 왕태의 내면에서 벌어진 일일 뿐, 왜 많은 사람이 그를 흠모하여 찾아오는지에 대한 이유는 설명하지 못한다. 공자에 의하면,

오직 마음을 비운 자만이 마음을 비우기를 원하는 자에게 마음을 비우게끔 할 수 있다. 즉, 사람들은 정지된 물처럼 고요한 사람을 자기의 본보기로 삼는 것이다.

만약 장자를 교육사상가적인 입장에서 바라본다면, 장자의 교육방법은 스승이 제자들을 일방적으로 끌고 가는 방식이 아니라, 제자들 스스로가 자신에게 잠재된 재능을 본인의 역량에 의해 끌어내는 데 있다. 장자가 볼 때, 재능은 남이 주는 것이 아니라 이미 내 안에 있는 것이다. 그가 생각하는 교육의 궁극적 목표는 무의식에 깊이 잠재되어 있는 나의 어떤 능력을 밖으로 드러내는 것, 그리고 만물을 주재하는 자연의 도를 깨닫는 것이다.

12

'옳고 그름'을 넘어

'좋고 나쁨'으로

Nietzsche

『선악을 넘어서』라는 이 위험한 표제어를 내가 사용하려는
것, 즉 내가 원하는 것이 오래전부터 충분히 밝혀졌다고
가정한다면, 내게는 결론을 내릴 수 있는 충분한 근거가 있는
것이다. 이건 '좋음과 나쁨을 넘어서'라는 뜻이 아니다.

『도덕의 계보』

莊子

나는 선함이라는 것이 진실로 선한 것인지 아닌지 아직 모른다.
만약 그것을 선함이라고 한다면 내 몸을 살릴 수가 없고,
선함이 아니라고 하면 내 몸을 살린다.
오자서伍子胥는 왕에게 간언했다가 왕이 그 말을 듣지 않자
다퉜고 끝내 자신의 육신을 망쳤다. 하지만 만약 왕과 다투지
않았다면 그는 명성을 떨치지 못했을 것이다. 진실로 선함이란
존재하는가? 아니면 존재하지 않는가?

「지락」

서양의 현대철학은 니체에서 시작한다. 고대 그리스 철학으로부터 면면하게 계승되어 온 '로고스' 중심주의적 전통, '이데아' 중심적 사유가 니체로 인해 해체되고 전복됐다. 서양의 철학사는 니체의 이전과 이후로 나뉜다고 말할 수 있다. 니체는 서양의 철학 전통에 나타나는 선과 악의 가치평가를 근본적으로 해체하려 했다. 니체에 의하면, 모든 도덕 감정은 인간의 동물적·생리적 충동의 영역 속에 포함될 수 있다. 니체는 이 생각을 바탕으로 기존의 '옳고 그름'이라는 가치평가 구도를 '좋고 나쁨'으로 전환하려 했다. 이러한 관점은 스피노자로부터 영향을 받은 것이다. 니체는 스피노자를 열광적으로 좋아했다. 니체는 스피노자의 『에티카』를 읽은 뒤, 친구 오버베크^{Franz Overbeck}에게 다음과 같은 내용의 편지를 보냈다.

> "나는 매우 놀랐고 완전히 매혹되었네! 나는 스피노자를 거의 모르고 있었지. 그런데 그의 전체적인 경향이 나와 비슷할 뿐 아니라, 그의 이론의 다섯 가지 점에서 나 자신을 발견했다네. 산마루에 혼자 오른 느낌이 이제는 적어도 둘이라는 느낌으로 바뀌었다네."

스피노자에게 선함이란 '좋음'을, 악함이란 '나쁨'을 의미했다. '선과 악'에는 주체가 무조건 지켜야만 하는 어떤 선험적이고 초월적인 절대 규범이라는 이미지가 있다. 하지만 스피노자에 의하면, 선함이란 "우리에게 유익하다고 우리가 확실히 아는 것"이다. 또 악함이란 "우리가 선한 어떤 것을 소유하는 데 방해되는 사실을 우리가 확실히 아는 것"이다. 스피노자에게 선과 악이란 능력의 증대, 감소와 관련이 있다.

또한 스피노자와 니체에 따르면 선과 악은 기쁨과 슬픔이라는 감정에 지나지 않는다. 어떤 것이 우리의 존재를 보존하거나 향상하도록 한다면 선함이고, 존재를 위축시킨다면 악함이다. 니체는 도덕을 '힘'이라는 차원에서 이해했다. 힘이 충만하여 향상되는 것을 느끼면 그것이 곧 선함이고 좋음이다. 또 힘이 빠져나가 퇴보하는 것을 느끼면 그것이 곧 악함이고 나쁨이다. 악함과 나쁨이란 일종의 소화불량 같은 것으로서, 나에게 맞지 않는 것을 만나는 것이다. 다른 상황에서 만났다거나 내가 훨씬 강한 소화력을 갖추고 있었다면 악함과 나쁨이 되지 않을 수도 있었겠으나, 현재로서는 해로운 존재가 된 것이 바로 악함과 나쁨이다. 다음은 스피노자의 말이지만, 니체의 관점과 정확히 일치한다. '선함'이란 내가 꼭 지켜야만 하는 규범이 아니라, 나에게 맞고 내가 좋아하는 것이라는 의미다.

"우리는 그것을 선이라고 판단하기 때문에 노력하고 의지하며 충동을 느끼고 욕구하는 것이 아니다. 반대로 노력하고 의지하며 충동을 느끼고 욕구하기 때문에 어떤 것을 선이라고 판단하는 것이다."

제3부, 『에티카』

그러면 장자의 도덕에 관한 관점은 어땠을까? 장자는 선과 악의 상대성을 강하게 피력했다. 장자의 아포리즘에 의하면, 만약 세상 사람들이 따르는 선함만을 좇아 포악한 군주에 온몸으로 항거하면 내 몸이 다칠 수도 있다. 장자는 기존의 선함이라는 가치에 의문부호를 던졌다. 장자가 볼 때, 도덕적 규범이란 생의 의지를 북돋아 주는 방향으로 기능해야만 한다.

오자서는 오나라 왕 부차夫差를 도와 월나라 왕 구천句踐과 벌인 전투에서 대승을 거둔다. 구천이 많은 재물을 바치며 강화를 요청하자 부차는 그것을 수용한다. 오자서는 이참에 월나라를 멸망시켜야 한다고 간언했으나 부차는 듣지 않는다. 왕은 오자서를 점점 멀리한다. 오자서는 화가 닥칠 것을 염려해 자기 아들을 제齊나라에 맡기는데 부차는 이 사실을 알고 오자서에게 자결을 명령한다. 오나라 사람들은 오자서의 충절을 기려 사당을 지어준다. 우리는 오자서의 충절을 어떻게 평가할 수 있을까? 만약 오자서가 자신의 간언을 부차가 듣지 않은 것을 더는 마음에 두지 않고 아무 생각 없이 그저 유유자적해 있었다면 부차로부터 해악을 입지 않았을 것이다. 그러나 충절 있는 인물로 세상에 이름이 회자되지는 않았을 것이다. 세상에서 중시하는 도덕적인 옳음을 지키고자 하면 오자서와 같이 죽음을 당할 가능성이 높아진다. 하지만 그것을 무시하면 세상으로부터 부도덕한 자로 낙인찍힌다. 이렇듯 도덕적인 옳음이 나의 양생養生으로 이어지지 않을 때 우리의 선택은 어디를 향할 것인가?

장자가 볼 때 '옳고 그름'이란, 상황과 때에 따라 다르게 규정된다. 요임금과 순임금은 '선양'의 대표적인 사례로 역사적으로 칭송받는다. 또한, 그들은 나라를 평화롭게 잘 유지했다. '선양'이란 왕이 자기 자식 대신, 나라 안에서 덕이 있는 훌륭한 사람을 찾아내어 그에게 왕위를 물려주는 행위를 말한다. 그런데 연나라 왕 쾌는 재상인 자지에게 선양을 하였지만, 나라는 3년 만에 혼란에 빠지고, 그 틈을 타 제나라의 침략으로 결국 망해 버리고 만다. 똑같이 선양해도, 그 결과는 다를 수 있다. 선양이 아닌 무력에 의해 나라를 찬탈한 경우도 마찬가지다. 은나라 탕왕과 주나라 무왕은 전쟁으로 왕이 되어 나라를 잘 유지하였으나, 초나라의 백공은 전쟁으로 멸망한다.

장자에 의하면 옳음과 좋음이란 변치 않는 가치가 아니다. 오히려 주사위 놀음 같은 복불복에 가깝다. 그러니 때로는 도덕적 가치판단 같은 인위적인 억압을 넘어서자. 무심하게 천지 대자연의 흐름에 자신을 맡기는 삶의 태도도 도덕적 판단 아래에 자신을 밀어 넣는 것만큼이나 중요한 삶의 태도다.

13

지식과 도덕은 생생한 삶의
의지를 약화시킨다

Nietzsche

지금까지 교육되고 존중 받고 설교되어 온 거의 모든 도덕은
삶의 본능들에 대해 적대적이다.

『우상의 황혼』

莊子

백이伯夷는 명예를 지키기 위해 수양산 밑에서 죽었고,
도척盜跖은 재물에 대한 욕심 때문에 동릉산 위에서 죽었다. 이
두 사람이 죽은 장소는 달랐지만, 생명을 해치고 자연 그대로의
본성을 훼손한 점에서는 똑같다. 어찌 반드시 백이가 옳고
도척이 잘못이라고 할 수 있겠는가!

「변무」

장자는 전국시대 중기 사람이다. 전국시대에는 생산력이 향상됨에 따라 사유재산이 확산되면서 다양한 문제들이 전방위적으로 한꺼번에 표출됐다. 또한 이런 문제들을 해결하기 위해 새로운 지식층이 다양한 방식으로 활동했다. 이 혼란하고 복잡한 시대적 분위기에서 장자는 일체의 인위적인 행위를 멈추고 자신의 성품에 따라 유유자적하게 살아갈 것을 권고했다. 그는 문제를 해결하기 위한 지식인들의 다툼을 무의미한 행위로 봤다. 문제를 해결하기 위해 대안을 제시해 봐야 다른 문제가 불거져 나올 것이고, 이 과정에서 사람들은 점점 지쳐갈 뿐이다.

니체와 장자에 의하면, 이데올로기적으로 우리를 옥죄는 지식이나 이념, 도덕은 생생한 삶의 의지를 약화시킨다. 그래도 이런 식의 비판이 다소 무책임하게 보이기는 한다. 아는 것이 없으면 원하는 것도 없으므로 아무런 발전도 기약할 수 없기 때문이다. 하지만 니체와 장자가 주장하는 바의 핵심은 지식, 이념, 도덕을 없애는 것이 아니라, 그것을 바라보는 우리의 태도에 대한 문제 제기이다. 예컨대 연고주의의 핵심인 가족주의(가족이라는 단순한 개념을 지식화한 것)를 비판하면 어떤 사람들은 가족관계를 없애자는 뜻으로 듣는다. 하지만 가족주의를 아무리 비판한들 가족관계가 사라질 염려는 없다. 여기서 말하는 가족주의에 대한 비판은 혈연관계라는 인간의 원초적 정감이 이데올로기화되는 것을 우려한 것일 따름이다.

니체와 장자가 지식, 이념, 도덕을 비판할 때, 이것들이 없어질 것이라고 기대하고 비판했을까? 그렇지 않다. 니체와 장자는 어떤 소수의 유력한 세력들의 이익만을 뒷받침하면서 그것을 모든 사람을 위한 보편적인 이득으로 포장하는 지식, 이념, 도덕 체계의 위선을 폭로하기 위해 이렇게 비판을 한 것이다.

장자의 아포리즘에서 재미있는 지점은 그가 도덕적인 의리와 도둑질을 같은 범주로 바라보고 있다는 사실이다. 백이는 흔히 역사에서 인의를 지킨 대명사로 칭송된다. 반면 도척은 춘추시대 노나라 사람으로 9천 명이나 되는 부하들을 거느렸던 전설적인 큰 도둑이다. 도척과 백이는 각각 악함과 선함의 상징이지만 장자에 의하면 이 두 인물은 모두 자연 본래의 성정을 훼손했다는 점에서 같은 성격을 지닌다. 불인不仁이나 불의不義뿐만이 아니라, 인仁이나 의義도 지나치게 추구하게 되면 자연적 본성을 해치기 때문에 바람직하지 않다.

우리는 인습화된 도덕적 가치 규범에서 벗어나 자연을 따라야만 한다. 사실 자연인으로서의 인간은 선악의 가치판단을 넘어서 있다. 자연의 역동적인 진행 과정은 그 자체로 아름답지도 추하지도 않다. 인간의 속성에는 항상 밝음과 어두움, 선과 악이 혼재되어 있다. 스티븐슨의 소설『지킬 박사와 하이드』나 괴테의 희곡『파우스트』에 등장하는 파우스트와 메피스토펠레

스가 이를 설명하는 좋은 사례다. 현실에서 선과 악 그리고 좋음과 나쁨은 일시적인 선별의 소산일 뿐이며, 이 선별은 항상 새롭게 갱신되기 마련이다.

제4장
허무주의와 무無

세상은 한바탕의 꿈이니, 현실은 거짓과 가상으로 창조된다. 창의적 거짓, 상반된 가치를 인정하는 순간 미래 사회의 새로운 가치, 휴머니즘 이후의 휴머니즘이 태어난다. 천 개의 눈으로 세상을 보라. 합리성과 비합리성을 넘나들고, 모순을 인정하며 모든 것을 맛보라. 절대적 진리에 대한 부정 속에서, 미래를 만들 새로운 가치가 떠오를 것이다. 목적 없이 즐거이 유희하고, 그러한 존재들과 조화롭게 공존하며 자기가 원하는 방식으로 자기만의 삶을 그려내라. 그리고 모든 지류를 끌어안은 거대한 강이 돼라.

1

세계는 한바탕의 꿈이다

Nietzsche

나는 예전의 인간성과 동물성, 태고 시대와 과거의 모든
것을 느끼는 존재가 내 안에서 시를 짓고 사랑하고 증오하고
추론한다는 것을 발견했다. 이런 꿈에서 깨어나긴 하지만 내
의식은 몰락하지 않기 위해 꿈꾸고 또 계속 꿈꿔야만 한다.
몽유병자가 추락하지 않으려면 계속 꿈꿔야 하는 것처럼.
'가상'이란 무엇인가! 본질의 반대인 어떤 것이 아니라는 건
분명하다. 내게 가상은 활동하고 살아가는 것 자체이다. 이
세상에는 가상과 도깨비불과 유령의 춤 외에는 아무것도 없다.

『즐거운 학문』

莊子

꿈속에서 술을 마시며 즐기던 사람이 아침에 깨어나서는 슬픈
현실에 절망하여 통곡하고, 꿈속에서 통곡하던 사람이 아침에
깨어서는 상쾌한 기분으로 사냥을 하러 간다. 꿈을 꾸고 있을
때는 그것이 꿈인 줄 모르다가 꿈속에서 깬 뒤에야 그것이
꿈이었다는 것을 안다. 참된 깨달음이 있고 난 뒤에야 이
세상이 큰 꿈임을 알 것이다. 그런데도 어리석은 자들은 자기만
깨달음을 얻었다며 아는 척을 한다. 이들은 군주는 귀하게
대하고 목동은 천시한다. 참으로 졸렬한 일이다.

「제물론」

'이 세상이 꿈이냐, 진짜 현실이냐'는 만만치 않은 철학적 토론 주제다. 우리가 깨어 있을 때 꿈이 꿈이라는 사실을 아는 것과 마찬가지로, 꿈에서도 꿈에 나타난 꿈을 꿈으로 간주한다. 꿈에서는 꿈과 현실이 모두 꿈이다. 우리는 진짜 현실에서 꿈을 꾸는 것일까? 아니면 꿈에서 꿈을 꾸고 있는 것일까? 실제 경험하고 있는 현실이 진정한 현실인지 혹은 꿈인지 정확한 판단을 내릴 수 있는 기준을 우리는 가지고 있지 않다. 낭떠러지에서 떨어지는 꿈을 꾸었다고 가정하자. 이 꿈이 아주 생생했다면, 꿈을 꾸는 당사자는 비록 꿈속이지만 진짜 낭떠러지에서 떨어진다고 느낀다. 꿈에서 경험한 것이 현실인지 꿈인지는 깨어나 봐야 안다. 그런데 아직 깨지 않았다면?

꿈에서 깨어날 때 단지 한 유형의 꿈이 다른 유형의 꿈으로 교체되는 것인지도 모른다. 꿈속에서 꿈을 꾸는 것이다. 꿈에서 깨어나도 나중에 알고 보니 또 다른 꿈속으로 들어가 있는 경우다. 예를 들어보자. 침대에서 잠을 잔다. 얼마 후 깨어났지만, 누군가로부터 전화가 와서 잠에서 깬다. 서재로 가서 책을 꺼내는데, 침대에 누워 다시 잠에서 깬다. 출근하기 위해 집 밖으로 나오지만, 침대에 누운 채로 다시 잠에서 깬다. 이 과정을 또 반복하는데, 이번에 이 일들은 차를 끌고 약속 장소에 도착할 때까지 벌어진다. 운전하는 중 다른 차가 울리는 경적에 다시 잠에서 깨는 식이다. 이런 식으로 똑같은 일들이 일어난다.

'녹색'으로 보이는 풀이 내 앞에 있다. 여기서 '녹색'은 실제로 존재하는 것일까? 아니면 마치 꿈속에 있는 대상들처럼 '정신적'으로만 녹색으로 보이는 것일까? 프랑스의 현대철학자이자 정신분석학자인 라깡J. Lacan도 다음과 같이 의미심장한 언급을 했다.

"깨어 있는 상태란 그의 꿈의 의식에 불과하다."

조선시대의 선승인 서산 대사는 이런 시를 남겼다.

주인은 손님에게 자기 꿈 이야기를 하고
손님은 주인에게 자기 꿈 이야기를 한다.
이 꿈을 이야기하는 이 두 사람
그 모두 꿈속의 사람이어라.

「삼몽사三夢詞」

2

현실은 거짓과 가상으로

창조된다

Nietzsche

가상은 어떻게 현실이 되는가. 항상 친절한 얼굴의 가면을 썼던
자는 결국 스스로 호의적 기분을 조절할 힘을 획득하게 된다.
결과적으로 그 호의적인 기분이 그를 지배한다.

『인간적인 너무나 인간적인 I 』

莊子

북쪽 바다에 물고기가 있는데 그 이름을 곤鯤이라고 한다. 곤의
크기는 몇천 리나 되는지 알 수가 없다. 곤은 변화해서 새가
되는데 그 이름을 붕鵬이라고 한다. 붕의 등은 또 몇천 리나
되는지 알 수가 없다. 떨쳐 날면 그 날개는 마치 하늘을 덮은
구름과 같다. 이 새는 바다가 움직이면 그래서 큰 바람이라도
일게 되면 그 큰바람을 타고 남쪽 바다로 날아간다. 남쪽
바다란 천연天然의 못이다.

「소요유」

예술적 창조는 인간뿐 아니라 온전한 자연의 근본적인 활동이다. 자연 세계는 속이고 유혹하는 '창의적인 거짓'이 펼쳐지는 장이다. 이런 사례로는 수컷 공작의 화려한 꼬리, 수시로 몸의 빛깔을 바꾸는 카멜레온, 난초 꽃부리의 다양한 형태 등 헤아릴 수 없이 많다. 이러한 과장된 자연미는 정복하고 유혹하기 위한 위장이고 책략이다. 수컷 공작은 화려한 꼬리라는 과장된 자연미로 암컷을 현혹한다.

니체에 의하면 무엇인가에 대한 우리의 '믿음'만이 유일하게 거짓이 아니다. 니체가 볼 때 현실은 거짓과 가상으로 창조된다. 그가 가장 많이 사용한 개념 가운데 하나가 '생성'이라는 단어다. "세계는 생성 중"이라는 말의 의미는 지금의 세계는 '생성'을 통해 다음 순간에 바뀌는 가상이자 환상이라는 뜻이다. 니체에게 현실은 예술가가 뛰어노는 아틀리에다. 가장 심오하고 가장 형이상학적인 수준에서 세계는 예술이다.

니체는 이렇게 말했다.

"세계 자체는 예술과 다를 바 없다."

『유고(1885년 가을)』

예술의 상상력은 가장 고양되고 가장 근본적인 의지의 힘이다. 예술은 자기 힘을 표현하기 위해 형태를 만들고 다듬고

잘라내고 감지하고 다르게 재창조하기 위해서 기존의 현실을 파괴한다. 니체의 표현대로라면, "언제나 같은 역을 연기하는 위선자는 결국 위선자이기를 그만둔다". 창의적인 거짓인 예술이 나중에는 현실을 변화시키는 것이다.

> 오성이 그리스인들을 지휘한다면, 삶은 얼마나 쓰고 비참하게
> 보일까! 그들은 자신을 속이지 않지만, 거짓말을 하며
> 의도적으로 삶 주위를 맴돌며 유희한다. 시모니데스Simonides는
> 자기 동포들에게 삶을 '유희'로 받아들이라고 충고했다. 그들은
> 진실함을 고통으로 간주했다. 그리고 그들은 오로지 예술에
> 의해서만 불행까지도 즐거움이 될 수 있다는 것을 알고 있었다.
>
> 『인간적인 너무나도 인간적인 I 』

장자의 우화는 구속되지 않는 정신세계의 개방성에 대한 이야기다. 그렇다고 형이상학적인·종교적 초월을 뜻하지는 않는다. 이 우화에 등장하는 새의 자유로운 움직임은 정신 경계의 무한하고 자유로운 확대와 세속적인 자아로부터의 탈주를 의미하는 화려한 은유다. 장자는 이 우화를 통해 '진정한 자기'를 다시 되새기기 위해 '세속적인 자아'를 없애는 무위無爲를 말한다.

또한 장자는 일체의 시공간적 울타리를 벗어난 열린 마음

의 해방을 강조한다. 특히 유유자적하는 마음과 정신의 무한한 확장은 유희하는 인간의 참모습을 보여주는 것으로서, 현대 미학의 여러 문법과도 통하는 바가 많다.

거대한 새는 자유와 초월을 상징한다. 환상은 곧 새로운 삶의 영역을 향해 비약하는 일이다. 현대 프랑스 철학자 바슐라르G. Bachelard의 멋진 표현을 빌리자면, 이처럼 대공을 비상하는 낭만주의적 상승은 하늘 높은 곳으로 탈주하려는 근원적 향수로 인해 꿈꾸게 되는 '자기 안으로의 여행'이다.

또 이 우화는 물고기가 커다란 새로 변한다는 자기 변형의 상징이다. 니체도 말했듯, "허물을 벗을 수 없는 뱀은 파멸한다."(『아침놀』) 장자의 우화는 기존의 현실을 탈피해 현실을 새롭게 재설계하려는 생성의 사유를 표방한다. 「소요유」에서 유遊란 자기가 꿈꾸는 곳이면 어디로든 갈 수 있는 마음의 절대적 자유를 가리킨다. 장자는 이와 상반되게 자신이 처한 영역 안에 갇혀 있는 존재들을 다음과 같이 힐난했다.

"우물 안의 개구리에게 바다에 대하여 말하지 못하는 것은 자신이 사는 곳에 묶여 있기 때문이다. 향리의 선비에게 도를 말할 수 없는 것은 그가 비속한 교리에 구속되어 있기 때문이다."

「추수」

니체가 강조하는 가상 세계에서의 새로운 가치 창조와 장자가 중시하는 환상의 세계로의 장쾌한 비상은 오늘날과 같은 디지털 사이언스 시대에 시사해 주는 바가 크다. 니체와 장자의 관점은 네트워크 시대의 새로운 공간 개념인 가상 공간을 새롭게 이해하고 더욱더 주체적으로 활용하는 데 좋은 지침이 될 수 있다. 오늘날의 디지털 사이언스 시대에서 가상 공간은 현실을 압도하고 있다. 가상 공간은 단순히 가상 세계라는 의미만이 아니라 주체를 다차원적으로 확장할 수 있는 계기가 되는 공간이다. 가상 공간을 활용한 주체의 확장, 바로 이 지점에서 니체와 장자는 좋은 조력자가 될 수 있다.

3

창의적인 거짓, 상반된 가치의
인정은 새로운 가치를
창조하는 시금석이다

Nietzsche

정신의 강함은 그 정신이 '진리'를 얼마나 견뎌내느냐에 따라,
더 분명하게 말하자면, 어느 정도까지 정신이 진리를 희석하고
숨기며 감미롭게 만들고 둔화시키고 위조할 필요가 있느냐를
보면 알 수 있다.

『선악을 넘어서』

莊子

성인은 시비의 대립을 넘어선 경지에 자신을 맡긴다. 자연의
입장에서 보면 이것은 저것이다. 똑같이 저것은 이것이다.
저것과 이것의 대립을 초월한 경지를 '도추道樞, 도의 지도리'라고
한다. 추樞, 지도리를 비로소 얻게 되면 그것이 '환중環中, 둥근 원의
중심'이며, 이로 인하여 무궁의 변화에 응한다.

「제물론」

'세계'는 크게 '인문 세계'와 '자연 세계'로 나눌 수 있다. 자연 세계가 구체적 현실 상황이라면 그것의 반대인 인문 세계는 일종의 가상이다. 인류가 문명을 일구어 온 방식은 있는 그대로의 자연 세계에 인문학적 상상력을 동원해 인간의 미래지향적 욕구(아직 실현되기 이전이므로 이것도 하나의 환상)를 구체적으로 실현해 온 과정이다. 예술작품이 현실이 아니라 하나의 가상이듯이, 인문 세계도 하나의 가상이다. 인문 세계는 가치를 재설정하고자 하는 인간 의지의 산물이자, 창의적으로 꾸며진 '거짓'이다.

창조하고 상상하며 고안하고 이야기를 꾸며내는(창의적인 거짓) 인간의 능력은 우리가 살아가는 인문 세계를 만들어낸 원동력이다. 여기서 '거짓'은 새로운 것을 만들어내는 열망과 관계가 있다. 사실 상상하는 능력, 특히 존재하지 않는 것을 상상하는 능력은 인간의 가장 탁월한 능력일지도 모른다. 인간은 어떤 상상을 '이야기 전승'을 통해 재생산한다. 개인의 상상이 집단적 상상으로 상승하면 전설, 신화, 종교가 된다. 인간이 동물과 다르게 엄청난 집단을 이룰 수 있는 이유는 모든 구성원이 공유할 수 있는 공통의 신화, 집단적 상상을 마련했기 때문이다. 국가가 유지되는 비밀도 여기에 있다. 상상이나 가상이 하나의 시스템이 되고 질서가 되는 것은 어떤 도덕적 확신도 아니고 사악한 음모도 아니다.

니체가 볼 때 우리가 대담하게 인정해야만 하는 사실은,

진리 안의 삶이 아니라 거짓·환상·가상의 삶을 인정하는 것이다. 우리의 믿음과 인식은 어느 정도는 거짓이다. 우리가 믿고 인식하는 과정은 늘 있는 그대로의 현실에 대한 왜곡을 동반한다. 예를 들어 시각은 유용한 정보만을 받아들이는 거대한 여과 장치다. 현실을 그대로 받아들이는 것이 아니다.

장자의 아포리즘은 옳고 그름, 혹은 이쪽과 저쪽을 넘나들면서 모든 가치를 수용하고자 하는 높은 수준의 정신을 보여주고 있다. 새로운 가치의 창출은 여러 사태를 폭넓게 받아들일 수 있는 폭넓은 정신을 가진 자여야만 가능하다. 장자의 아포리즘에서 핵심 키워드는 '도추'이다. 도추에서 추樞는 '지도리'란 의미로, 여닫는 문에 위아래로 꽂는 회전축과 구멍을 말한다. 도추는 이것과 저것의 상호 대립을 없앨 수 있는 무차별의 세계에 대한 은유이다. 문은 지도리가 있어야 여닫을 수 있다. 문을 열면 바깥세상이 펼쳐지고, 문을 닫으면 안의 세상이 펼쳐지듯이, 이 입장과 저 입장을 필요에 따라 자유자재로 불러다 쓰는 씩씩한 자세가 필요하다.

장자는 오직 자신이 믿는 가치만을 '옳음'으로 인정하고 남의 가치들은 '그름'으로 단정하는 세상의 시비 간의 갈등을 비웃었다. '옳고 그름'이 아니라 '둘 모두/함께'를 추구했다. 창의적인 사람이란 완전히 동떨어진 것으로 여겨지는 요소들을 연결하고 통합할 수 있는 능력을 지닌 사람이다.

4

장자와 니체의 사상은

'포스트휴머니즘'Posthumanism의

원조다

Nietzsche

어쩌면 인류란 제한된 시간 동안 존재하는 한 특정 종류의
동물이 발전하는 과정에 지나지 않을지도 모른다. 원숭이에서
출발해 다시 원숭이로 돌아가는 것이다. 그런데 아무도 이
의심스러운 희극의 종말에 관심을 갖지 않는다.

『인간적인 너무나 인간적인 I 』

莊子

조물자가 점점 나의 왼팔을 변화시켜 닭이 되게 한다면, 나는
그것으로 야간의 시각을 알리도록 할 것이다. 조물자가 점점
나의 오른팔을 변화시켜 활이 되게 하면, 나는 그것으로
솔개라도 잡아서 구워 먹을 것이다. 조물자가 점점 나의
꽁무니를 변화시켜 수레바퀴로 만들고 나의 정신을 말로
만들면 나는 그것에 탈 것이다. 어찌 다른 탈것을 구하겠는가?

「대종사」

장자의 아포리즘에 나타난 인간 변신의 양상을 보다 보면 재미있는 사색을 하게 된다. 과학이 발달한 현대 세계는 장자가 꿈꾸었던 '만물제동萬物齊同'이라는 도가의 이상을 현실화시키고 있다. '만물제동'이란, 만물은 도道의 입장에서 바라보면 모두 동등한 가치를 지닌다는 의미다. 모든 존재는 다 중요하며, 또 도를 매개로 서로 긴밀하게 연결되어 있다.

오늘날은 인터넷에 의해 만물이 마치 인간 내부의 촘촘한 신경망처럼 하나로 엮어져 있다. 이런 의미의 사물과 나의 일체, 즉 물아일체는 시간이 흐르면 흐를수록 더욱 가속화될 것이다. 네트워크에서 각 개인이 입력하는 글자는 삶에 관한 수많은 정보와 지식의 빅데이터로 활용되기도 한다. 모든 것이 초연결되는 시대라고 할 수 있다.

이런 가상 공간은 장자가 내내 그리던 풍경이다. 이 공간에서 사람들은 어떤 구속도 당하지 않고 자발적으로 공동체를 꾸려나간다. 마치 고대 사회의 신비주의가 부활한 것이 아닌가 하는 느낌도 든다. 살아 있는 생명이든 무생물이든 만물에 영혼이 깃들어 있고, 만물은 서로 촘촘하게 소통한다는 애니미즘Animism의 사고가 현실화되고 있다는 생각이 든다.

오른팔이 활이 되고 꽁무니가 수레바퀴가 되는 등의 인간 변신의 양상은 단지 역설적 어법으로만 볼 수 없는 부분이 있다. 오늘날 자동차는 발의 연장이고 포크레인은 손의 연장이며 망원경은 눈의 연장이다. 이러한 테크놀로지적인 신체의 연장과 미래에 나오게 될 사이보그 인간 등을 생각해 보면, 장자가 꿈꾸었던 만물제동의 경지는 단순히 원시 자연적 사고로의 회귀가 아닌 미래 첨단 사회의 지평에서 의미가 있어 보인다.

인간은 지난 4만~5만 년 동안 지구에서 주인 행세를 했다. 인간이 지적 능력을 앞세워 지구 상에서 가장 큰 힘을 행사했기에 가능한 일이었다. 그러나 인류 역사상 처음으로 인간과 같거나, 또는 인간보다 우월한 능력을 갖춘 존재가 등장했다. 인공지능이 바로 그것이다. 인공지능이 과연 '새로운 인류'로서의 위상마저도 얻어낼 수 있을지 고민하는 시대가 되었다.

우리 시대의 키워드 가운데 하나는 '포스트휴머니즘'이다. 인간을 뛰어넘는 '인간'에 대한 담론이다. 현대적 맥락에서 기존의 인간을 뛰어넘는 '새로운 인류'에 대한 본격적인 탐색의 뿌리는 니체의 위버멘쉬 사상이다. 니체의 초인 사상은 향후 포스트휴머니즘에 커다란 영향을 끼쳤다. 미셸 푸코 역시 포스트휴머니즘 사상의 한 갈래를 형성하고 있다. 그는 『말과 사물』에서 '인간'이라는 근대적 발명품의 종말을 예언했다.

> "사유의 고고학이 분명히 보여주듯 인간은 최근에 발명된 형상이다. 그리고 아마 종말이 가까웠다. 장담하건대 인간은 바닷가 모래사장에 그렸다 사라진 얼굴이 될지도 모른다."

'포스트휴먼'이란 인간과 기계의 융합으로 나타나는 미래의 인간상을 일컫는 말로 정보통신기술, 인지과학, 나노기술, 바이오공학 등의 발달로 인간과 기계가 합쳐짐으로써 인간과 기계의 경계가 사라지는 것을 일컫는 용어다. 포스트휴먼은 트랜스휴먼TransHuman, 인공지능, 사이보그, 사이버 자아Cyber-self 등 다양한 용어와 개념으로 설명되는데, 이들의 공통점은 인간의 한계와 조건을 넘어서려는 인간의 바람을 반영하고 있다는 점이다. 미래학자 레이 커즈와일Ray Kurzweil의 『특이점이 온다』에 따르면 2030년대가 되면 컴퓨터의 지능이 인간을 능가하고, 2040년대에는 인간의 뇌를 업로드하는 것이 가능할 것이라고 한다. 한스 모라벡Hans Moravec은 한 걸음 더 나아가 앞으로 인간의 마음을 '다운로드'하여 영원히 살 수 있게 될 것이라고까지 주장한다.

이와 관련한 기상천외한 연구로 '홀로그램 인간'Hologram Human 프로젝트가 있다. '홀로그램 인간'은 인간의 정신을 복제해 이 복제된 두뇌를 유기적 생명체가 아닌, 홀로그램 형태의 가상 신체에 심어주려는 연구 프로젝트다. 이것은 다른 말로 '아바타 프로젝트Avata Project'로도 불린다. '아바타 프로젝트'는 2020년까지 사람의 두뇌 속 데이터를 로봇에 전송하는 실험을 진행한 다음, 두뇌 복제와 인공두뇌 기술 개발 단계를 거쳐 홀로그램 형태로 존재하는 완전한 가상 신체를 2045년까지 완성

212

하겠다는 계획이다. 만약 이 프로젝트에 따라 최종 단계를 거치면 뇌 컴퓨터와 홀로그램 신체를 갖춘 새로운 디지털 신인류가 탄생하게 된다는 것이 '아바타 프로젝트'에 참여하고 있는 연구진들의 주장이다. 과연 이 프로젝트가 실현 가능할까?

세계적인 양자물리학자인 영국 런던대학교 데이비드 봄 David Bohm 교수에 의하면, 우리 일상 속 감각적인 현실이란 사실 마음이 빚어낸 다차원적 '홀로그램'적 특성이 있다. '홀로그램 우주론'이 주장하는 논리는 『반야심경般若心經』에 나오는 "물질세계는 모두 우리의 의식이 만들어낸 환영이고 오직 허공만이 실재다"라는 말과도 일맥상통하는 측면이 있다. 이런 맥락에서 어떤 학자들은 우리가 사는 세상을 거대한 '가상현실'이라고 간주하기도 한다. 이미 앞에서 다루었지만, 니체와 장자도 우리가 사는 세상이 거대한 가상현실일 수 있다고 바라보았다.

우리 인류는 바야흐로 우리가 앞으로 창조할 '새로운 인간' 유형을 어떻게 바라봐야 하고 또 어떻게 대응해야 할지 진지하게 고민을 시작해야 하는 시점에 다다랐다. 이에 관련해서는 수많은 긍정적·부정적 맥락의 질문들이 쏟아져 나올 것이나, 그것에 대한 명확한 해답을 제시하는 것은 현재로선 불가능할 것이다.

5

천 개의 눈으로 세상을 보자

Nietzsche

삶의 '정오' 무렵이면 이상한 휴식 욕구가 엄습한다. 주위는
고요해지고 들려오는 목소리는 멀어진다. 태양은 바로 위에서
그를 비춘다. 그의 심장은 정지되고 그의 눈만 살아 있다.
그것은 눈을 뜨고 있는 죽음이다. 거기에서 인간은 전에 본 적
없던 많은 것들을 본다.

『인간적인 너무나 인간적인Ⅱ』

莊子

내면세계를 기르는 데에만 집착하지 말라. 외면세계만을
강조해 자신을 지나치게 드러내지도 말라. 마른 나무처럼
중앙에 서 있어라. 이 내부, 외부, 중앙의 조화를 잘 터득한다면,
그는 반드시 지극한 존재라는 이름을 얻게 될 것이다.

「달생」

니체가 말하는 '정오'는 이쪽으로부터 저쪽으로 넘어가는 길에서 잠시 정지하는 휴식기다. 가운데 서서 최대한 많은 것을 볼 수 있는 폭넓은 자세를 은유한 것이다. 이를 두고 니체는 태양이 바로 위에서 그를 비추는 가운데 죽음과 같이 고요히 있으면서 전에 본 적이 없는 많은 것을 본다고 표현했다. 니체는 『도덕의 계보』에서도 비슷한 언급을 했다.

> "하나의 대상에 대해 더 많은 감정을 기울여 표현할수록, 그것을 보기 위해 더 많은 눈을 사용할수록, 그 대상에 대한 우리의 '개념'과 '객관성'은 더욱 완벽해질 것이다."

다양한 많은 것을 보기 위해 우리는 어떤 관점만을 절대시하는 도그마에서 벗어나야 한다. 유연하게 자신의 관점을 되돌아보면서 다른 다양한 관점들을 서로 비교할 수 있는 열린 정신을 가져야 한다. 수많은 눈, 천 개의 눈으로 세상을 보기 위한 필수 조건이다.

창조성을 발휘할 수 있는 영역은 항상 이쪽과 저쪽의 특성이 모두 공유되는 경계면에 위치한다. 이를 인간의 신체에서 찾으면 욕망의 창조적 지대라 볼 수 있는 성감대가 될 것이다. 성감대는 항상 이쪽과 저쪽의 경계면에서 발견된다. 예컨대, 생식기, 눈, 코, 입 등 각 신체의 구멍과 목덜미 등 말이다. 이를 사회에서 찾으면 항구나 공항이 될 것이다. 항구나 공항은 나와 타자가 들어오기도 하고 나가기도 하는 경계 지역이며, 역사적으로도 이 경계면에서 사회적·경제적·문화적 발전이 집중되곤 했다.

요컨대 장자의 이쪽 지평과 저쪽 지평이 어우러진 경계 영역은, 다소 시적인 표현을 쓰자면 향수 어린 욕망으로 버무려진 환상의 공간이 갖는 매우 매혹적인 공간이다.

중국에서 인도 불교가 정착되는 데 핵심적인 역할을 한 승려 구마라습鳩摩羅什의 『아미타경』 중국어 번역본에는 원래 불경에는 없는 전설의 새가 등장한다. 이 새는 머리가 두 개이고 몸통은 하나인데, 한쪽 머리는 낮에 일어나고 다른 한쪽 머리는 밤에 일어나 언제나 서로 시기하고 으르렁댔다고 한다. 결국은 한편이 다른 편에게 독을 먹이고 함께 죽고 만다.

이 전설은 선악과 같은 상반된 성향을 함께 지니고 있는 인간의 모순을 상징한다. 만약 두 마리가 서로 성향이 다른 점을 잘 승화시켜 싸우지 않고 함께 공존했다면 그 몸이 죽지는 않았을 것이다. 한쪽 가치만 고집하는 것에 대한 위험성을 경고한 설화라고 할 수 있다.

6

합리성과 비합리성을 넘나들자

Nietzsche

세계가 어떤 영원한 합리성의 총괄적인 개념이 아니라는 것은
우리 인간의 이성이 반드시 이성적이지만은 않다는 것을 통해
증명된다. 만약 인간의 이성이 항상 현명하고 합리적인 것이
아니라면, 나머지 세계도 그렇지 않을 것이다.

『인간적인 너무나 인간적인 Ⅱ』

莊子

대인大人의 행위는 남을 해치지는 않지만, 인애仁愛와 은혜를
남에게 베푸는 것을 장려하지도 않는다. 재물로 인해 다투는
일은 없지만, 남에게 사양하는 것을 훌륭한 것이라고 여기지도
않는다. 일할 때 남의 힘을 빌리는 예는 없지만, 자력으로
먹고사는 것을 훌륭하다고 여기지도 않는다. 또한, 탐욕이
많은 사람을 천박하다고 생각하지도 않는다. 행동은 세속과
다른데도 기이한 행동을 좋다고 여기지는 않는다. 따라서
세속적인 벼슬이나 봉록으로는 그를 유혹할 수 없고, 형벌이나
치욕으로도 그를 욕되게 할 수 없다. 그는 옳고 그름은 분별할
수 없고 작고 큰 것도 분별할 수 없다는 사실을 잘 알고 있기
때문이다.

「추수」

합리적인 행동이란 '이성'적으로 행동하는 것을 가리킨다. 이성을 강조하는 철학 입장은 감각적 경험을 불신했다. 감각적 경험은 때와 장소에 따라 달라지니만큼 믿을 수가 없고, 무엇보다 '절대성'이 없기 때문이다. 이성에 의하면 감각은 덧없는 것이다. 이성주의자들의 감각에 대한 불신은 '신체'에 대한 불신으로 이어졌다.

니체의 관점에 의하면, 나에게 일어나는 감각이나 감정을 비웃거나 억압해서는 안 되고 '이해'해야만 한다. 인간은 가장 도덕적으로 보이고 싶을 때 감정이나 정서를 비하하곤 한다. 자기를 제대로 실현하기 위한 전제조건도 바로 자기를 '이해'하는 데 있다. 감정이나 감각으로부터 종속되는 것이 문제일 때도, 이것을 단순히 부정하는 것이 아니라 정확히 이해하는 태도를 지녀야만 종속 상태에서 벗어날 수 있다. 이 말은 슬픔·기쁨·분노·욕망 등의 감정이나 감각이 자연의 질서에 따른 것임을 인식하고, 일어나는 감정이나 감각을 있는 그대로 받아들임으로써 '운명애'를 지닐 때, 인간은 질투와 분노·탐욕 등 모든 부정적인 감정들로부터 자유로워질 수 있다는 것을 의미한다.

니체는 이성주의자들이 신체를 불신하는 것을 비웃었다. 무엇보다 이성이 '절대성'을 추구하는 것을 비웃었다. 니체에 따르면 우리에게 주어진 유일한 현실은 신체적 현실이다. 니체는 특히 '도구적 이성'을 비판했다. '도구적 이성'이란 모든 대상을 계산 가능한 대상으로 바라보는 이성을 말한다. 물론 이 안에는 인간도 포함된다. 이른바 합리적인 생산 방식을 내세우면서 공장의 컨베이어벨트 앞에 노동자들을 온종일 세워두고 일을 시키는 행위가 도구적 이성의 결과다. 또, 과학기술을 맹신하면서 환경을 마구 파괴하는 행위, 나아가 대량살상을 위한 첨단무기를 마구 만드는 행위도 도구적 이성이 원인이다.

니체가 말하는 참된 이성은 '신체 이성'이었다. 신체는 말이 없지만, 사태를 왜곡하는 일이 없고 자신을 속이지도 않는다. 니체는 신체를 '큰 이성'이라고 불렀다. 이성주의자들이 말하는 이성, 즉 도구적 이성은 '작은 이성'이다. 도구와 장난감에 불과한 작은 이성은 도구와 장난감으로만 머물러야 한다. 하지만 일개 수단인 작은 이성이 큰 이성인 신체를 지배하려 든다. 이것은 도구적 이성의 활약으로 최첨단 무기를 제작했지만, 이 최첨단 무기가 아무 죄도 없는 평범한 사람들을 겁박하는 것과 흡사하다.

제1차 세계대전, 제2차 세계대전, 월남전 등은 당시 최고의 무기가 동원된 첨단 과학의 경연장이었다. 질소와 수소로 암모니아를 합성하는 방법을 연구하여 질소 비료를 대량 생산할 수 있는 길을 연 독일의 프리트 하버Fritz Haber는 이 성과로 1918년 노벨 화학상을 수상했다. 이것은 인류의 계몽적 이성을 바탕으로 한 합리적 과학의 결정체였다. 다른 한편 프리츠 하버의 '이성'은 도구적으로도 발휘되어 치클론 B$^{Zyklon\ B}$라는 독가스를 발명했다. 이 독가스는 제2차 세계대전 당시 대표적인 강제수용소인 아우슈비츠에서 수많은 무고한 사람들을 학살하는 데 사용되었다. 2011년 후쿠시마 원전사고도 이러한 도구적 이성이 발휘된 참담한 결과다.

함석헌 선생의 스승이기도 했던 위대한 철학자 다석 류영모 선생도 '이성'의 폭력성에 대해 한말씀 하신 바 있다.

"우리는 태양(이성)이 있으므로 다른 별들을 못 본다. 태양을 꺼라. 그러면 다른 별이 보일 것이다."

장자에게 합리적이냐 비합리적이냐, 혹은 이성적이냐 비이성적이냐 하는 문제는 그다지 중요하지 않다. 아포리즘에서 대인大人은 성인이나 진인처럼 장자가 말하는 이상적 인간형에 속한다. 대인은 도가의 이상적 인간형임에도 유가의 인의를 실천하는 듯 보인다. 하지만 이렇게 남을 배려하는 것은 인의라는 도덕적 개념을 일부러 실천하고자 한 것이 아닌, 자연스럽게 표출된 것이다. 비록 이익이나 재물을 위해 다투지는 않지만 그렇다고 해서 남에게 사양하는 태도를 일부러 강조하지도 않는다. 이런 행위는 생활 속에서 자연스럽게 실천되는 것일 뿐, 어떤 도덕적 가치를 일부러 실천하는 것은 아니다.

또한, 대인은 겉으로 보기에 분명히 기인처럼 보이지만 정작 그는 기이한 행동을 별로 좋아하지도 않는다. 이러한 장자의 태도는 겉으로 드러난 명분과 실질 사이의 괴리에 대한 비판일 수 있다. 사실상 오늘날을 보더라도 소외된 계층을 조용히 돕는 사람들은 잘 모르면서, 겉으로 요란스럽게 선전되는 기부 행위는 진상을 알지도 못한 채 높이 평가하는 경향이 있다. 대개 이런 기부 행위는 정치적 목적이 숨겨져 있는 경우가 대부분인데 말이다.

진보나 보수와 같은 이념적인 문제도 그러한 가치를 자연스럽게 추구하면서 남들이 알아주든 그렇지 않든 자기가 원하기 때문에 조용히 실천하는 사람이 있는 반면, 겉으로 보이는 것과 속내가 다른 경우가 많은 게 우리 사회의 현실이다.

장자는 외부로부터 전달되는 사회적 가치가 아니라 내 내면의 자연스러운 참 존재의 목소리를 듣고자 했다. 따라서 세속적인 명예나 모욕은 그에게 아무런 효과를 발휘할 수 없었다. 그는 옳고 그름이나 크고 작음은 일시적인 규정일 뿐 언제든지 바뀔 수 있음을 잘 아는 자였기 때문이다.

7

모순을 인정하라.

우리는 모든 것을 맛볼 필요가

있다

Nietzsche

가장 현명한 인간은 누구인가. 모순을 가장 풍부히 갖는 자,
모든 종류에 대해 촉각기관을 갖는 자다. 그리고 때때로 장엄한
화음을 이루는 위대한 순간을 경험하는 자다.

『유고(1884년 여름~가을)』

莊子

성인聖人은 자연스럽게 도에 맞추어 행위 할 뿐, 일부러 도를
도모하지는 않는다. 인仁에 합치되어도 그것에 의지하지 않고
의義에 머물러도 그것을 쌓지 않는다. 예禮에 따르지만, 그것에
구애되지는 않고 세상일에 접해도 그것을 일부러 사양하지는
않는다. 성인은 사물의 성질에 따라 자신을 맞춘다. 사물이란
것은 도의 측면에서 볼 때 실천의 대상으로 삼을 수 없기는
하지만, 어떻든 현실에서는 나에게 영향을 주기에 불가불
실천의 대상으로 삼을 수밖에 없다.

「재유」

니체의 아포리즘은 '모순'의 인정을 통해 다양한 가치를 수렴하라고 권유한다. 논리학에서 '모순'이란 어떤 명제와 그것의 부정이 동시에 참이 될 수 없다는 원리다. 예컨대, 고양이는 고양이면서 동시에 고양이가 아닐 수는 없다. 고양이이든지 고양이가 아니든지 둘 중 하나여야 한다는 말이다. 만약 고양이이면서 동시에 고양이가 아닐 수 있다면 그것은 '모순'이다.

그러나 모순을 인정하지 않는 것이 논리학의 세계에서는 타당할지 모르지만, 현실과 자연 세계에서는 그렇지 않다. 현실에서는 매사 칼로 무 자르듯이 명쾌하게 구분하기 어려운 일이 허다하다. 결코 회생할 수 없을 것처럼 처절하게 몰락했지만, 오히려 밑바닥까지 내려간 것이 하나의 극적인 자극이 되어 오뚜기처럼 재기하는 경우도 많다. '위기危機'라는 단어는 '위험危險'과 '기회機會'라는 두 글자가 합쳐진 말이다. 위험은 곧 하나의 기회다. 현실의 삶이 '모순' 투성이라는 것은 다음의 속담 가운데 어느 것이 더 설득력 있게 느껴지는지 체험해 보면 된다. "소수는 반드시 패한다"는 속담은 너무 당연한 일이라 별 감흥이 없다. 하지만 "적보다는 친구를 조심하라"는 속담은 모순적이지만, 오히려 우리의 고개를 주억거리게 만든다.

니체가 모순을 인정해야 한다고 주장하는 맥락에는 존재하는 모든 것을 받아들여 그것을 필요에 따라 적재적소에 활용할 수 있는 능력을 키우라는 메시지가 들어 있다.

장자의 아포리즘에는 어떤 경우에도 적응 가능한 이상적 인간형의 폭넓은 위상이 잘 그려져있다. 장자의 이상적 인간형은 과거에 대한 회한도 미래에 대한 불안도 없다. 이 세상에 필요 없는 것은 없다. 어떤 한 가지 가치만을 강조하고 다른 가치를 부정하는 태도는 마치 "하늘은 존중하면서 땅은 부정하고 음陰은 존중하면서 양陽은 부정하는 것과 같다"(「추수」, 『장자』)고 장자는 비판했다. 또한 그는 이렇게 말했다.

　　"자연에 따르는 것을 잘하고 인위적인 일도 잘하는 것은 오직
　　전인全人뿐이다."

「경상초」

　　어떤 상황이든 자기의 호흡으로 적절히 운용할 수 있는 적극성이 필요하다. 어떤 신비주의자가 핫도그 장사꾼에게 이 세상의 맛을 전부 넣어 핫도그를 만들어 달라고 했다는 이야기처럼 우리는 모든 것을 맛볼 필요가 있다. 상반된 유형의 배합은 각종 문제해결을 보다 역동적으로 해낼 수 있게 한다. 우리는 전투에 능숙한 고참병의 여유와 이제 막 전선에 투입된 신병의 긴장감을 함께 갖출 필요가 있다.

8

허무주의Nihilism는 새로운

가치를 탄생시키는 요람

Nietzsche

허무주의는 무엇을 의미하는가? 그것은 최고 가치들이
탈가치화하는 것이다. 이것에는 두 가지 뜻이 있다. 하나,
정신력이 상승하는 '능동적 허무주의'. 둘, 정신력이 하강하고
퇴행하는 '수동적 허무주의'.

『유고(1887년 가을~1888년 3월)』

莊子

천지만물에는 '처음'이란 것이 있으며, 다시 그 앞의 아직
처음이 없었던 때가 있으며, 그리고 거기서 다시 더 그 앞의
아직 처음이 없었던 때가 없었던 그러한 때가 있을 것이다.

「제물론」

허무주의Nihilism라는 말은 '무無'라는 뜻의 라틴어 '니힐nihil'로부터 나왔다. 동서양의 역사에서 허무주의는 권위적인 현실을 비판했던 모든 사상의 기초가 되었던 사유였다. 허무주의에는 일체의 인습화된 전통과 권위에 대한 거부, 즉 억압적 이데올로기로 작용했던 모든 명제에 대한 철저한 부정의식이 깔려 있다. 서구의 지성사에서 하나의 철학 개념으로 허무주의를 가장 깊게 사유했던 사상가는 바로 니체였다.

"신은 죽었다." 니체의 이 말은 지금까지 지배적인 입장을 견지하고 있던 기독교의 신이 인간에 대한 지배력을 상실했다는 의미다. 그런데 여기에서 말하는 신이란 단지 기독교 종교의 신만을 의미하는 것이 아니다. 이제까지 최고의 의미를 부여했던 이상 및 규범, 원칙과 규칙 등을 대표하는 명칭이다. 니체는 서구에서 주류 가치로 이어져 내려온 기독교와 기존의 형이상학적 전통으로부터 가치의 전환을 모색한다. 한편 장자의 사상은 선진先秦시대의 사회·정치적인 혼란상에서 보이는 암울한 인간관계를 잘 반영하고 있다. 장자는 급진적인 형태로 탈권위적 입장을 견지했으며, 주류 이론들의 가치들에 대해 근본적인 의문을 던졌다. 허무주의의 한 형식은 '참'이라고 굳게 믿었던 어떤 절대 가치가 알고 보니 '거짓'이었다는 사태를 뒤집어보는 통찰이다. 이러한 점에서 장자 사상은 동양 허무주의의 전형을 이룬다.

니체와 장자는 모두 허무주의의 문제의식 속에서 가치의

전환을 도모했다. 니체에 의하면 허무주의에는 두 가지가 있다. 진리는 존재하지 않는다고 주장할 뿐인 '수동적 허무주의'와 진리를 매번 새롭게 규정하려는 '능동적 허무주의'다. 수동적 허무주의는 인간을 억압하는 기존의 가치를 무너뜨리려 하지만, 적극적으로 파괴하지는 못한다. 그 결과 남는 것은 기존의 지배적 확신에 대한 실망과 절대적 무의미함이며, 잘못된 현실이 오히려 새로운 가치를 창조할 기회라고 생각하지 못하고 절망에 빠져든다. 따라서 수동적 허무주의는 지쳐버린 자들의 허무주의다. 이런 자들은 의지할 만한 가치들 중 그 무엇도 완벽하지 못하다고 툴툴댄다. 그러다가 자신들이 비판했던 절대적 가치를 다시 믿는다. 불안을 견딜 수 없기 때문이다. 하지만, 능동적 허무주의는 모든 상황에서 새로운 가치를 정립하려 한다.

'허무' 자체에 의지할 것인가, 아니면 아무것도 의지하지 않을 것인가? 허무주의자는 이 둘 가운데 하나를 선택해야만 한다. 전자는 수동적 허무주의고 후자는 능동적 허무주의다. 능동적 허무주의는 가치를 창조하려는 인간의 힘을 상승시킨다. 그래서 더는 기존의 가치체계를 필요로 하지 않는다. 니체와 장자가 택한 쪽도 바로 이쪽이었다. 진리의 절대성을 부정하긴 하지만, 그렇다고 니체와 장자가 진리가 전혀 존재하지 않는다고 생각한 것은 아니었다. 진리란 그때그때 새롭게 규정되어야만 할 뿐, 절대적인 의미의 진리는 없다고 생각했을 뿐이다.

9

그가 유희하는 한 그는
완전한 인간이다

Nietzsche

나는 위대한 과제를 다루는 방법으로 놀이보다 더 좋은 건
없다고 생각한다.

『이 사람을 보라』

莊子

만약 천지의 정도正道를 타고, 육기六氣의 변화를 거느려
나아가게 하여, 그래서 무궁의 지평에 노는 자는 거기에 또
무엇을 기대야 할 것이 있겠는가.

「소요유」

니체에게 놀이는 단순히 권태에서 벗어나려는 방편은 아니었다. 도리어 우주의 리듬 자체이며, 만물이 즐겁게 존재할 수 있는 근본적인 양식이었다. 니체가 볼 때, 세상은 주사위 놀이하는 신들의 도박대다. 세상은 어떤 목적에 의해 움직이지 않는다. 하지만 많은 사람들이 세계가 존재하고 운동하는 데 분명히 어떤 목적이 있다고 본다. 이는 세계에 대한 도덕적인 해석이다. 목적론자들은 소는 인간에게 고기를 제공하기 위해 존재하며, 나무는 인간에게 숨 쉴 공기를 제공하기 위해 존재한다고 생각한다. 한마디로 인간 중심적인 사고다. 물론 이들에게는 세계가 인간만을 위해 존재한다. 니체는 이러한 목적론을 거부했다. '노는 것'에는 목적이 없기 때문이다. 니체는 이렇게 말한다. "세계가 신적인 놀이이고 선악의 저편에 있다면 모든 것은 단지 빈둥거림과 흡사할 뿐이다. 여기에는 철학도 포함된다. 나에게는 모든 것이 놀이다."

네덜란드의 역사가인 호이징가Johan Huizinga에 의하면, 인간과 동물의 공통점은 놀이를 한다는 점이다. 호이징가는 '놀이하는 인간Homo Ludens'이란 개념을 추가로 만들었다. 그리고 자신의 저서 『호모 루덴스Homo Ludens』에서 모든 문화가 놀이로부터 발생했음을 증명하고자 했다. 특히 그는 어린이가 세계의 한 부분으로서 자신을 파악하는 법을 놀이를 통해 배우게 된다고 생각했다.

장자는 놀이를 '유遊'로 표현했다. 그에게 '유'는 현상세계의 밖이나 초탈한 정신적 경계에서 노는 것을 의미한다. 확실히 장자에게는 이 세상으로부터 완전히 벗어나려는 충동이 있는 듯 보인다. 하지만 이 세상을 완전히 떠나 어떤 세계로 넘어가려는 것이 아니라 마음에 정신적 아틀리에를 만들고 감상하는 것 같은, 특별한 이유 없는 향유를 의미한다. 장자의 '유' 개념은 철저하게 미학적이다.

미셸 푸코도 이런 말을 했다.

"헤테로토피아Heterotopia는 정원 속 깊숙한 곳이다. 그것은 다락방 한가운데 세워진 인디언 텐트와 부모의 커다란 침대다. 이 커다란 침대에서 아이들은 대양을 발견한다. 거기서는 침대보 사이로 헤엄칠 수도 있다. 이 커다란 침대는 하늘이기도 하다. 스프링 위로 튀어 오를 수 있기 때문이다. 그것은 숲이기도 하다. 거기에서 숨을 수 있기 때문이다. 또한 그것은 밤이기도 하다. 거기서 이불을 뒤집어쓰면 유령이 될 수 있기 때문이다."

『헤테로토피아』

현실에는 존재할 수 없는 '유토피아'와 달리, 푸코의 '헤테로토피아'는 현실화된 유토피아를 가리킨다. 장자가 말하는 '유'의 공간을 이해하는 데 바로 이 '헤테로토피아'가 도움을 준다.

10

모든 존재는 서로 조화롭게

공존해야

만족에 이를 수 있다

Nietzsche

발생하는 것 어느 것도 그 자체로 비난받을 수는 없다. 모든
것은 전체와 결합되어 있으므로 어떤 것 하나를 배제한다는
건 모든 것을 배제하는 것과 같다. 비난받아 마땅한 것 하나가
있다면, 그것은 타락한 세계다.

『유고(1888년 초~1889년 1월 초)』

莊子

옛날에 장주莊周가 꿈속에서 나비가 된 적이 있었는데,
너풀너풀 날아다니는 나비가 되어 스스로 즐거워하였지만,
자기가 장주라는 것을 알지 못했다. 그런데 문득 잠을 깨보니,
틀림없는 장주 자신이었다. 장주가 꿈에서 나비가 되어
있었던가? 나비가 꿈에서 장주가 되어 있었던가? 알 수가
없다. 장주와 나비는 반드시 구별이 있다. 이것을 물화物化, 만물의
변화라고 한다.

「제물론」

니체가 볼 때, 일체의 사물들은 저마다 자신만의 위상을 가지고 있으며 또한 이 위상들은 서로 상호 작용함으로써 존재의 의의를 확보한다. 어떤 자의적인 판단에 의해서도 이런 원칙은 폄하될 수 없다. 하지만 개념들 사이에 위계가 생기는 세계는 이런 원칙에도 기어이 상처를 입히곤 한다.

장자는 우주에 존재하는 모든 사물이 아주 작은 것부터 하늘을 까마득히 수놓은 별들에 이르기까지, 진동하는 하나의 끈으로 연결돼 있다고 여긴 듯하다. 우주가 하나의 현악기라면 현악기의 한 줄에서 시작된 진동음은 다른 줄에 다다르고 이 줄은 또 다른 줄로 끝없이 이어지면서 장엄한 우주적 교향곡을 이룰 것이다. 장자는 모든 존재가 서로 조화롭게 공존하는 세상이야말로 진정한 만족을 느낄 수 있는 세상이라고 여겼다.

장자가 세상을 바라보는 인식은 그 유명한 호접몽胡蝶夢 우화에서도 엿볼 수 있다. 이전 단계의 유충이 변화한 결과인 나비는 낡은 것으로부터 새로운 것으로의 변화를 상징하는 가장 뛰어난 이미지다. 꿈을 꾸는 자는 찰나가 영원 같고 영원함이 찰나와 같은 시간적 해체를 경험한다. 장자에게 우주는 그 안에서 나비가 어떤 구속도 없이 노니는 웅대한 정원과도 같다.

장자는 만물의 변화를 '물화物化'라는 개념으로 설명했다. 물화란 하나의 사물이 다른 사물로 생성 변화하는 것이다. 삶에서 죽음으로 변화하는 것도 물화에 해당한다. 이 우주에는 없어지는 것이란 존재할 수가 없다. 단지 형태가 변할 뿐이다.

필자는 20대에 일본에서 유학한 경험이 있는데 당시 생활하는 데 있어 다소 곤혹스러웠던 점은 필자가 살았던 기숙사 방을 때때로 점령하곤 했던 바퀴벌레와의 싸움이었다. 일본의 바퀴벌레는 한국의 바퀴벌레보다 훨씬 크다. 아마도 습기가 많은 기후 탓일 것이다. 처음에는 이 바퀴벌레와의 갈등이 필자를 아주 불편하게 만들었다. 아마 바퀴벌레의 처지에서도 필자가 매우 불편했을 것이다. 하지만 시간이 지나 바퀴벌레라는 타자가 내 내면에 더 많이 자리 잡으면 잡을수록 바퀴벌레에 대한 불편한 감정은 차차 가시기 시작했다. 필자만 보면 도망가기 일쑤였던 바퀴벌레도 자연스럽게 내 주위를 맴돌기 시작했다. 수학적 비유를 하자면 필자가 A라는 집합이고 바퀴벌레가 B라는 집합이라 할 때 우리 사이의 교집합은 점점 확대되고 있었다.

만물은 서로 다르지 않다. 공룡이 살던 시대, 히말라야가 있던 지역은 바다였다. 그러나 그 바다의 생물의 사체가 쌓이고 굳어져 높을 산을 이루었다. 지구에 있는 산도 따지고 보면 원래 살아 있는 유기체였다. 신이나 인간이나 구성하는 물질은 같다. 생물은 돌이 되고, 돌은 다시 생물이 된다. 인간과 식물, 아니 지구 전체는 우주와 구성 성분이 같으므로 서로 연결되어 있다. 이른바 만물제동이다.

11

자기가 원하는 방식대로

삶을 그려라

Nietzsche

나의 형제들이여! 가슴을 활짝 펴라. 그대들의 발도 높이
올려라! 훌륭한 무용가여! 제발 슬픈 곡과 모든 천민의 슬픔을
잊어버려라! 산의 동굴로부터 불어오는 바람에게 배워라.
바람은 자기의 피리 소리에 맞춰 춤춘다.
당나귀에게도 날개를 주고, 암사자의 젖도 짤 수 있는 이
훌륭하고 자유분방한 정신은 가상하다. 모든 자유로운 정신들의
영혼을 찬미하라! 스스로를 초월해서 웃는 것을 배워라!

『차라투스투라는 이렇게 말했다』

莊子

장자가 산속을 가다가 큰 나무를 보았다. 나무꾼은 쓸모가
없다는 이유로 벌목을 하지 않았다. 장자가 말한다. "이 나무는
쓸모가 없어 타고난 수명을 누리는구나." 장자가 산에서
내려와 옛 친구 집을 찾자, 옛 친구는 기뻐하며 하인에게
거위를 잡도록 한다. 하인이 주인에게 묻는다. "거위 가운데
하나는 잘 울고 다른 하나는 울지를 못합니다. 어느 놈을
잡을까요?" 주인이 말한다. "울지 못하는 놈을 잡아라." 이튿날
제자가 장자에게 묻는다. "어제 보았던 산속의 나무는 쓸모가
없어 살아남았는데, 이 집의 거위는 쓸모가 없어 죽었습니다.
선생님께서는 어느 쪽에 머무시겠습니까?"

「산목」

니체는 허무주의를 역사의 문제로 바라봤다. 니체는 절대적 진리를 끝까지 추구하다 보면 허무주의에 빠질 수밖에 없다고 말했다. 역사의 흐름 속에서 진행되었던 절대적 진리를 찾고자 하는 노력이 부질없는 것이라고 판명되는 그 순간 허무주의는 시작된다. 과거의 전통사회에서 최고의 가치가 신이었다면, 현대사회에서는 자본일 것이다. 하지만 그 무엇도 모든 것을 해결해주지는 못한다. 자기가 의지할 만한 영원한 진리는 없다는 통찰! 이것이 허무주의에 관한 근본적 사유다.

니체의 허무주의는 일부분의 이익만을 뒷받침하고 있는 '하나의 가치'에 불과한 것이 모든 존재를 아우르는 '절대적 진리'로 선전되는 것을 해체했다. 이제 남는 것은 개개인이 저마다 추구하는 각자 나름의 가치들이다. 절대적 진리를 없앤 자리에 각자의 다양한 가치들을 메우기, 이것이 니체의 허무주의 사유의 핵심이다. 각자 나름의 진리란 자기에게 즐거움을 주고, 웃을 수 있게 만드는, 그리고 자기를 더욱 확장하고 고양시킬 수 있는 자기만의 세계다. 니체는 이런 삶을 살아가는 인간형에 대해 고대 그리스의 술의 신 디오니소스를 끌어들여 설명한다.

니체에게 디오니소스란 생성과 생명의 기호이며 다른 한편으로는 예술의 원리이기도 하다. 이는 또한 주체와 객체가, 인간과 자연이, 외면과 내면이 융합하는 도취의 경험이다. 도취는 우리의 내적 에너지가 우리가 지각한 것을 변형시키는 상태다. 예를 들어 사랑에 빠지게 되면, 우리의 내적 에너지는 사랑하게 된 상대를 그전과는 다르게 더욱 생생하고 더욱 강렬하게 지각하도록 한다.

니체는 한 걸음 더 나아가, 의식중심의 '작은 이성'이 아니라, '큰 이성'이라는 개념을 말한다. 이를 통해 인간의 삶 자체를 예술 작품화할 수 있는 가능성을 타진했다. 허무주의 시대에서 나의 삶을 규정짓던 절대적 진리는 더는 아무런 힘을 발휘하지 못한다. 이제 나는 자기에게 적합한 방식으로 진리를 새롭게 규정하고 그에 따라 자기 주도적인 삶을 조각해 나간다. 이런 방식은 예술가가 작품을 만들어나가는 과정과 아주 흡사하다. 미술이라는 예술 장르를 끌어들여 비유하자면, 나라는 존재는 작품이 나오길 기다리는 도화지이자 화가이다. 예술가이자 예술작품인 나는 거칠 것 없이, 자기가 원하는 방식대로 삶을 그려나간다.

장자의 아포리즘인 '거위 이야기'에서도, 거칠 것 없이 자기가 원하는 방식대로 삶을 그려나가려는 자기 주도적인 인간형이 잘 묘사되어 있다. 장자에 의하면, '쓸모없음'과 '쓸모있음'의 중간에 놓이더라도 재앙으로부터 완전히 벗어나기 어렵다. 우리는 모든 시비를 뛰어넘어 자연의 대도大道에서 놀아야 한다.

장자에게 중도는 텅 비어 있는 상태와 관련이 있다. 이 텅 빈 상태는 이쪽과 저쪽의 지평으로 마음대로 도약할 수 있는 중간지대이고 열린 공간이며 이쪽과 저쪽의 특성이 다 들어 있는 공간이다.

장자의 중도는 단지 어떤 것과 어떤 것 간의 평균치가 아니다. 예를 들어 흐르는 냇물 양쪽에 둑이 있다고 가정하자. 여기에서 냇물은 중간 지평을 상징한다. 그런데 이 냇물의 흐름은 엄청나게 빨라 양쪽 둑을 무너뜨리면서 흐른다. 이것은 상반된 양쪽의 가치가 이 중간 지평에서 모두 만나는 것을 의미한다. 장자 사상에서 중도의 세계란 그 안에 최대한의 가치들이 포함되어 있어 어떤 상황에서도 당당하게 대응할 수 있는 이른바 '아르키메데스의 점'(아르키메데스가 충분히 긴 지렛대와 그것이 놓일 장소만 주어진다면 지구도 들어올릴 수 있다고 말한 것에서 유래)과 같은 지층이다.

우리가 단편적인 가치들에 매몰돼 그것에 의해서만 모든 현상을 해석하려는 도그마에 빠질 때, 우리의 외부환경에 대한 대응은 위험에 빠질 가능성이 크다. 이것은 곧 중독의 위험성이기도 하다. 악함이란 단지 도덕적인 결핍만을 의미하는 것이 아니라, 무엇에 빠져 헤어나지 못하는 중독을 뜻한다. 도덕적 선함에 지나치게 빠지는 것 또한 오히려 악함이 될 수가 있다. 무엇에 빠지는 것, 즉 중독이란 그것이 알코올 중독이든 이상주의 중독이든 모두 나쁜 것이다.

장자가 말하는 중도란 그 자체가 진리로 표방되는 어떤 것이 아니다. 무용함과 유용함은 상황에 따른 판단을 요구한다. 위 이야기에서 장자가 제자와 먹은 거위는 울지 못하는 거위였기 때문에 요리 재료로 쓰였다. 이 거위는 자연의 본성을 따른 것이 아니라 오히려 자연의 본성에 어긋난 행동을 한 것이다. 자연의 본성이란 누구에게나 통용되는 정해진 보편적인 규칙이 아니라 자기 자신에게 가장 걸맞은 자연스러운 성정을 의미한다. 개가 짖는 것이 개의 지극히 자연스러운 성정이듯 거위 또한 우는 것이 자연적 성정에 가깝다. 우리는 우리 자신이 있고자 하는 방식대로 존재해야만 한다는 것, 이것이 바로 장자가 우리에게 들려주는 삶의 지혜이다.

12

모든 지류를 품에 안은 거대한 강이 돼라

Nietzsche

위대함이란 방향을 제시하는 것이다. 어떤 강물도 스스로
커지거나 풍부해지지 않는다. 오히려 아주 많은 지류를
받아들이며 계속 흘러가는 것, 그것이 강물을 크고 풍부하게
만든다. 모든 정신의 위대함 역시 마찬가지다.

『인간적인 너무나 인간적인 I 』

莊子

세상 사람들은 모두 자기의 의견만을 주장하면서 타인을 그
의견에 따르게끔 하는데 마음을 쓰면서, 그 모든 것이 자연
그대로 하나라는 사실을 모른다. 이것을 조삼朝三이라고
한다. 원숭이를 기르는 사람이 원숭이에게 상수리를 나누어
주면서 "아침에는 세 개, 저녁에는 네 개를 주마."라고 하였다.
그러자 원숭이들은 모두 화를 낸다. 이번에는 원숭이를
기르는 사람이 "그렇다면 아침에는 네 개, 저녁에는 세 개를
주마."라고 하였다. 그러자 원숭이들은 모두 기뻐한다. 이처럼
이름과 실질은 아무런 변화가 없는데, 기쁨과 노여움의 감정이
작용한다. 이는 목전의 이익에 마음을 뺏겨 시비의 가치판단을
하므로 발생하는 것이다. 따라서 성인聖人은 시비의 대립을
조화시켜, 천균天鈞, 자연의 균형, 만물제동의 원리에서 쉰다. 이를
양행兩行이라고 한다.

「제물론」

사람들은 각자 나름대로 자기만의 설득력을 갖춘 관점을 갖고 있는데, 이를 모두 용인해 주어야 한다는 것이 니체와 장자의 생각이었다. 현대 사회에 만연한 공포와 분열의 조장은 개인의 힘과 실존으로부터 인간을 완전히 분리시켰다. 역사 속에서 진행되어 온 종교, 애국, 인종, 부, 계급으로부터 기인하는 우월감은 극소수의 손아귀에 완전히 길들여진 수많은 사람을 낳았다.

우리는 타인과 비교했을 때 무언가 더 특출한 것이 있도록 훈련 받아왔다. 다른 사람을 바라볼 때도 더 똑똑한, 더 멍청한, 더 늙은, 더 어린, 더 부자인, 더 가난한, 이런 식으로 스스로와 비교한다. 하지만 다른 사람과 함께 있다가 갑자기 그들이 당신과 비슷하다는 것을, 당신과 다르지 않다는 것을 깨닫는 순간이 올 때가 있다. 그리고 그들에게 본질적인 것과 당신에게 본질적인 것은 실제로 하나라는 사실을 느끼기도 한다.

개인과 타자가 원활하게 소통하기 위해서는 우선 개인의 내면에서 각각의 이질적인 정신 요소들이 잘 공존해야만 한다. 만약 자기 내면이 옹졸한 생각에 젖어 있다면 이것은 타자에게 투사되어 나와 타자 사이의 관계를 왜곡시킨다. 니체와 장자 사상에는 개인의 내면세계에 대한 깊은 통찰을 바탕으로, 개인과 사회 그리고 개인 혹은 개인이 모인 작은 공동체와 국가의 긴장이 첨예하게 반영되어 있다.

니체와 장자에게 '규정되지 않은 본능'과 '규정을 기준 삼아 내리는 판단' 관계는 매우 중요하다. 한 개인이 중요하게 여기는 규정으로 내린 판단은 편견으로 이어지기 쉽고, 자기중심적 사고를 지니게 한다. 이런 편견들은 무의식적으로 끌어 올린 '규정되지 않은 본능'으로 해체시켜야 한다. 편견이 무너진 자리에는, 새로운 현실을 반영해 다시 만든 '새로운 규정적 판단'이 자리한다. 이런 순환 관계는 계속 진행된다. 이것은 안정과 불안정 사이의 교체라고도 말할 수 있을 것이다. 이 교체가 역동적으로 이루어질수록 다양한 가치를 내면에 품을 수 있는 심리적 영역(니체의 아포리즘에서 말한 '강물')이 그만큼 넓어진다.

'분열과 정복'은 현대 사회의 좌우명이 되어버렸다. 사람들이 자신을 만물과 분리해 인식하는 것을 멈추지 않는 한 이런 현상은 종식되지 않을 것이다. 하지만 사람들이 자신과 자연의 관계, 개인에 내재된 힘의 진실을 인식하면 희망은 있다. 니체와 장자의 아포리즘은 계속 그 희망을 말한다. 모든 가치를 끌어안을 수 있는, 폭넓은 내면 세계가 지닌 힘 말이다.

마르지 않는 놀이의 샘, 니체와 장자

필자의 박사 논문 제목은 「노장(老莊)사상의 허무주의(Nihilism) 분석 - F. Nietzsche와 S. Freud의 심층심리학(Depth Psychology) 방법에 기초하여」였다. 필자는 이 논문에서 장자와 노자老子의 철학을 니체와 비교하면서, 이를 니힐리즘Nihilism, 허무주의이라는 코드로 묶었다. 동서양 모두 근대 이전에는 사회 전체를 지배하는 정해진 가치 체계가 있었다. 예컨대 서양의 중세시대에는 기독교가, 조선시대에는 유교가, 삼국과 고려시대에는 불교가 그러한 역할을 담당했다. 이 가치 체계를 거부한 사회구성원들은, 정도의 차이는 있었지만 살아가기 매우 불편한 상황에 봉착했다. 이는 분명히 개인의 정신에 국가가 개입하는 야만적인 폭력이었지만, 사회구성원들이 정체성의 혼란으로 불안정해지는 상황은 오늘날보다 덜할 수 있었다. 사회구성원들이 공유하는 정신적 가치가 이미 주어진 셈이니, 어쨌거나 그것을 그저 믿으면 그만이었기 때문이다. 아무튼, 근대 이전에는 절대 이념이 개인의 자유를 억압하는 시대였다.

하지만 오늘날은 절대적 가치를 강요하는 폭력이 사라진 시대다. 수많은 가치가 난립하며, 이 때문에 현대사회는 정체성의 훼손을 심각하게 걱정하는 사회이기도 하다. 역사의 흐름과 함께 진화해 온 수많은 가치와 새롭게 탄생한 가치들이 난립하고 있으나 우리의 기대를 완벽하게 충족시켜주는 절대 가치는 찾아보기 힘들기 때문이다. 어떤 가치더라도 모든 문제를 해결해 줄 수는 없다. 우리 현대인이 갖는 근본적 불안감은 엄청나게 많은 가치 가운데 내가 모든 것을 맡길만한 절대 가치가 보이지 않기 때문에 발생한다. 기본적으로 인간은 흔들리기 쉽고, 외부에 뭔가 의지할만한 것이 있어야만 안심한다. 절대가치의 결핍에 빠지면 빠질수록 불안감은 그만큼 더 심해지기에, 절대가치를 찾고자 하는 사람들의 열망은 점점 더 심해진다.

필자의 경우를 예로 들어보기로 하자. 필자는 중학교 때에는 천주교에 의탁했으며, 고등학교 때는 불교를 비롯한 동양적 가치에 깊이 빠져들었다. 20대에는 민족주의 경향이 짙은 우리 고유 사상과 여러 진보 담론 사이를 시계추처럼 왔다 갔다 하면서 지적 방황을 했다. 이 모든 과정이 절대가치를 찾는 여정이었지만, 그동안 거쳐 온 어느 가치 체계도 나 자신을 위한 충분

조건으로 여겨지지 않았다.

절대가치를 찾고자 하는 욕구는 누구나 갖고 있다. 누구나 절대가치를 통해 죽음에 대한 공포에서 벗어나려 하고, 왜 살아가는 것인지에 대한 궁금증을 해소하고자 한다. 또 삶의 갈림길에서 한 방향을 선택해야 할 때 절대가치가 결정적인 판단 기준이 되기도 한다. 하다못해 스트레스 해소나 정신적인 힐링을 위해서도 내가 의지하는 절대가치는 도움이 될 수 있다. 하지만, 내가 받아들인 하나의 절대가치는 필연적으로 다른 가치를 배척하기 마련이다. 다른 사람도 자기가 받아들인 절대가치로 나를 배격할 것이다. 조금 큰 규모로 이야기해보면, 우리가 사는 이 시대에서 가장 극한적으로 대립하고 있는 두 절대가치는 기독교 원리주의와 이슬람 원리주의다.

그런데 무조건 의지할 수 있는 단 하나의 절대가치를 찾고자 노력하지 않으면서도, 불안감에 빠지지 않는 방법은 없을까? 니힐리즘 사유는 단 하나의 절대가치란 있을 수 없다고 주장한다. 수많은 가치의 난무를 혼돈으로 바라보는 것이 아니라, 놀잇감의 풍부함으로 여긴다. 어떤 가치라 해도 상황에 따라 가져다 쓰는, 골라 먹는 재미를 만끽하라 한다. 니체와 장자의 사유는 이런 씩씩한 태도를 키워내는 데 자양분이 될 수 있다. 필자는 박사 논문 주제로 장자와 니체를 비교한 연구를 시작한 이래 지금까지 계속 연구를 진행하고 있지만, 마치 아무리 퍼내도 마르지 않는 신비한 샘물처럼 니체와 장자로부터 새로운 통찰력을 끊임없이 얻어 가고 있다.

나에게 좋으면 선함이고, 나에게 나쁘면 악함이다

니체와 장자의 프로필을 간략히 소개해 보도록 하자. 니체는 유럽의 질서가 새롭게 재편되던 시기를 살았다. 이 시기에 일어난 크고 작은 전쟁, 혁명, 사회주의와 자본주의 사이의 갈등, 19세기 후반의 세기말적인 불안 등의 그림자는 니체의 철학에 깊게 드리워져 있다. 장자가 살았던 시대는 전국시대戰國時代다. '전쟁'이라는 뜻인 '전戰'이 맨 앞에 붙은 것에서도 알 수 있듯, 전국시대는 밥 먹듯 전쟁을 일삼던 시대였으며, 백성의 고통이 극에 달했던 혼란한 시대였다. 니체와 장자는 자기가 살던 시대의 뒷골목, 눈송이처럼 확대되는 여러 모순에 대한 아픔을 온몸으로 끌어안으면서, 사회 속에 숨겨져 있는 여러 치부를 벗겨내고자 했다.

　니체는 1869년도부터 1879년까지 바젤대학 고전문헌학과 교수로 지냈다. 니체가 교수가 된 것은 25살로, 그는 당시 독일대학교 역사상 최연소 교수였다. 하지만 곧 건강 문제에 발목이 잡혀 휴직하게 된다. 이후 니체는 건강을 되찾기 위해 좋은 환경을 찾으러 유럽 각지를 방랑한다. 이 기간, 즉 1879년부터 1889년까지 그는『차라투스트라는 이렇게 말했다』,『도덕의 계보』,『선악을 넘어서』 등 주옥같은 작품을 집필했다. 니체는 건강이 좋지 않아 문장을 짧게 쓸 수밖에 없었다. 서론-본론-결론 식으로 쓰기도 어려웠다. 오래 앉아 있을 수가 없었기 때문이다. 그러나 "남들이 한 권에 쓸 수 있는 내용을 나는 한 문장으로 쓸 수밖에 없다"고도 말했던 니체의 저작은 시대를 뛰어넘은 명언으로 오늘날까지 여러 사람의 가슴을 사로잡고 있다.

1889년에 이탈리아 토리노 광장에서 말을 채찍질하는 마부를 바라보던 니체는 그 말의 목을 끌어안고 눈물을 흘리며 미쳐버린다. 이후 10년여 동안 투병하다가 1900년에 바이마르에서 사망했다.

니체는 서양에서 현대 철학의 시작이라고 볼 수 있다. 또한 근대철학을 뛰어넘은 탈근대철학의 원조로 평가받으며, 1960년대부터 본격적으로 시작된 문예 운동인 포스트모더니즘Postmodernism 의 시조로 일컬어지기도 한다. 그는 쟁쟁한 현대의 학자들인 프로이트S. Freud, 칼 융C. Jung, 하이데거M. Heidegger, 푸코M. Foucault, 들뢰즈G. Deleuze, 데리다J. Derrida 등에게 큰 영향을 끼쳤다.

장자莊子 에서 '자子'는 선생님이라는 뜻이다. 즉, 장자는 장씨 성을 지닌 선생님이라는 의미다. 장자는 이름이 주周이고 자字는 자휴子休이며 송나라 몽蒙이라는 지역에서 태어났다. 장자와 동시대를 살았던 주요 철학자를 동서양에서 한 사람씩 제시한다면 맹자孟子와 아리스토텔레스Aristoteles를 들 수 있다. 장자의 프로필에 대해서는 신빙성 있는 자료가 거의 없지만, 제자백가 가운데 명가名家 철학자로 유명한 혜시惠施와 친했다는 점이 눈에 띈다. 장자는 경제적으로 불우한 삶을 살았다. 사마천司馬遷의 『사기』에서는 장자가 송나라 몽 땅에서 칠원(옻나무를 재배하는 곳)을 관리하는 일을 했다고 말하고 있다. 장자는 자신이 살던 당대에 명성을 떨친 것도 아니고, 높은 벼슬을 한 적도 없다. 그는 대부분의 제자백가 철학자들과는 다르게 현실 정치로부터 물러나 자유인으로 살고자 했다. 장자는 통치를 받는 평범한 사람들의 고통을 자신의 철학 속에 날카롭게 반영했다. 그리고 문명의 발전이 자연 그대로의 인간 본성에 상처를 입혔다고 보았으며, 권력에 봉사하는 지식과 전통에 대한 맹목적인 추종을 문제 삼았다. 또 홀로 유유자적하는 삶을 찬양하면서, 자기 자신을 소중하게 여기는 철학을 펼쳤다.

이미 말했듯이, 니체 철학과 장자 철학이 가장 깊이 공유하고 있는 사유는 바로 니힐리즘이다. 니힐리즘이라는 말은 라틴어로 '무無'라는 뜻의 '니힐nihil'로부터 나왔다. 니체의 '니힐'과 장자의 '무'는 서로 통한다. 니힐리즘은 모든 '독단적' 사고를 해체하려 한다. 니체와 장자는 일체의 권위주의와 우상 숭배를 비판했다. 니체는 『우상의 황혼』 서문에서 이렇게 말한다. "세상에는 진짜보다 우상들이 훨씬 더 많다. 이것이 이 세계를 바라보는 나의 '사악한 시선'이자, 나의 '사악한 귀'다. 나는 여기서 망치를 들고 의문을 제기한다." 이런 식의 돌직구는 장자의 말에서도 자주 발견된다. 니체는 서구의 전통 형이상학과 종교적 절대 가치에 대하여 쓴소리를 했다. 니체에 의하면 한마디로, "신은 죽었다". 여기서 '죽은 신'은 기독교에서 말하는 신만이 아니라, 모든 절대 이념을 가리킨다.

또, 니체가 볼 때 선과 악이라고 하는 도덕적 가치판단도 결코 '사실'이 아닌 개개인 저마다의 '해석'에 불과하다. 니체의 도덕관에서 선과 악이란 힘의 증대 및 감소와 관련이 있다. 힘이 충만하여 향상되는 것을 느끼면 그것이 곧 선함이고 좋음이다. 또 힘이 빠져나가 퇴보하는 것을 느끼면 그것이 곧 악함이고 나쁨이다. 무엇이 선함하고 무엇이 악함인지는 내가 정한다. 나에게 좋으면 선함이고, 나에게 나쁘면 악함이다. 장자도 세상에 통용되는 선함이란 가치에 대해 의문부호를 던진다. 장자에게도, 도덕적 규범이란 생의 의지를 북돋아 주는 방향으로 기능해야만 한다. 장자가 유교를 그렇게 비판한 이유도 '인의예지'와 같은 유교의 도덕 가치가 인간의 자연스러운 욕망을 억압한다고 봤기 때문이다. 519년 동안 유교를 절대 가치로 숭상했던 조선 시대에서 남편이 죽으면 아내는 평생을 수절해야 했다. 장자의 시각으로 볼 때 이런 도덕률은 말도 안 되는 것이다.

또 장자는 약자의 처지를 대변하면서, 권력을 가진 자들의 위선적인 태도와 갑질을 신랄하게 비판했다. 장자가 보기에 폭력적인 방법을 통해 권력을 탈취한 자들은, 자기의 부도덕한 행위를 감추기 위해 도덕을 이용한다. 도덕은 이 힘 있는 자들의 잘못된 행위를 합리화시켜주는 도구로 전락했다. 장자가 볼 때 도덕과 지식, 그리고 법은 살아 있는 권력을 위해 봉사한다. 도덕과 지식, 그리고 법이 살아 있는 권력에 봉사하는 사례는 현재 사회에서 가장 흔하게 나타나는 현상이기도 하다. 장자에게도 선과 악의 문제는 니체와 마찬가지로 개인의 사적인 판단에 따라 좌우되는 것이지, 본래부터 정해져 있는 영원한 진리가 아니다.

　니체의 주요 철학 개념에는 동양철학의 개념이 짙게 녹아들어 있다. 비록 니체가 동양철학으로부터 받은 영향을 체계적으로 정리해 말한 적은 없지만, 우리는 그의 단편적인 언급 속에서 동양철학의 흔적을 어렵지 않게 발견할 수 있다. 니체의 동양철학에 관한 관심은 고등학교 때부터 싹튼 것이었다. 특히 인도의 업業, Karma 이나 윤회 사상은 그의 '영원회귀' 개념에 지대한 영향을 주었다고 추측할 수 있다. 니체의 '영원회귀Eternal Recurrence' 개념은 생성에 대한 긍정이다. 영원히 존재하는 만물은 없다. 장자 또한 모든 현상이 둥근 고리와 같이 생장과 소멸을 영원히 반복한다고 말했다. 장자에 의하면 기氣의 이합집산에 의해 삶과 죽음은 끊임없이 순환한다. 장자에게 통상적으로

258

우리가 생각하는 '죽음'이란 존재하지 않는다. 장자가 볼 때 우주에서는 그냥 소비되어 사라지는 것은 없으며 단지 다른 형태로 변형되어 가는 과정만 있을 뿐이다. 우리가 죽으면 그냥 사라지는 것이 아니라, 다른 형태로 변모해 우주 어디엔가 남아 있다. 에너지 보존의 법칙과 비슷한 주장을 한 셈이다. 장자에게 삶은 죽음의 시작이고 죽음은 삶의 시작이다. 이러한 사유는 니체의 영원회귀 사유와 일맥상통한다.

'삶은 손으로 비둘기를 잡는 것과 같다'는 말이 있다. 너무 강하게 잡으면 비둘기는 죽을 것이고 너무 느슨하게 잡으면 비둘기는 날아가 버릴 것이다. 요컨대 니체와 장자의 말은 상반된 가치를 동시에 끌어안아 그때그때의 상황에 맞추어 새롭게 세팅해낼 수 있는 능력을 선사한다.

놀이 속에서 찾아낸 진정 자유로운 삶

현재를 살아가는 평범한 우리들의 삶을 동물의 삶에 비유한다면 어떤 모습일까? '성실하게' 사막에서 짐을 지고 나아가는 낙타와 같은 삶이 아닐까? 전통사회와 비교하면 충분히 자유로운 환경임에도, 전통사회에는 없었던 새로운 예속 아래에서 살아가고 있다면, 예나 지금이나 인간은 부자유한 것이다. 과연 진정한 자유란 어디에서 찾을 수 있을까? 민주주의 사회라면 하나의 가치를 절대화시켜 일반인들에게 강요하는 따위의 일은 있을 수 없다. 중세시대에서 기독교와 같은 종교 가치나 조선시대에서 성리학과 같이 말이다. 오늘날은 수많은 가치가 난립하는 시대다. 가치의 아노미 상태에서 개개인은 정체성의 훼손을 경험하는 경우가 많다. 또, 수많은 가치가 난립하고 있으나 우리의 기대를 완벽하게 충족시켜주는 참가치를 찾을 수 없어 괴로워하기도 한다. 참가치를 찾을 수 없어 아쉬움에 빠지면 빠질수록 불안감은 그만큼 더 심해지기에, 참가치를 찾고자 하는 사람들의 열망은 점점 더 심해진다.

이렇게 한번 생각해 보자. 차라리 참가치를 찾지 않는 태도를 지녀야만 자유를 얻을 수 있지 않을까? 가치의 다면성은 통일성의 상실이 아니라 이리저리 맛볼 음식이 많은 것을 뜻한다. 이런 상황은 오히려 기쁨의 기회가 고갈되지 않게 한다. 장자와 니체의 철학 사유는 기댈 것이 없다는 것에 대해 실망하지 않고 그것을 오히려 얽매임이 없는 자유의 지평으로 옮겨놓고자 했다. 그리고 가치의 다면성을 도리어 놀잇감의 풍부함으로 여겼다.

아주 먼 옛날 인간은 수많은 포식자로부터 쫓기는 '사냥감'에 불과했다. 하지만, 정교한 도구를 만들고 공통된 신화를 만들어 강력한 집단을 이루게 되면서 어떤 동물보다도 뛰어난 '사냥꾼'의 반열에 올라서게 된다. 문명화를 계속 일구어 나가며, 근대 시기 이후가 되자 모든 자연 대상을 인간의 발아래 두게 되었다. 하지만 한 번 더 도약해 이제는 '놀이꾼'이 되어야만 한다. 인간은 이렇게 '사냥감'에서 '사냥꾼'으로 진화했고, 마침내 '놀이꾼'으로 올라설 수 있는 시대를 맞이했다. 니체는 저편의 세계가 아닌 생생하게 약동하는 지금의 삶과 운명을 사랑하면서 선과 악을 넘어가 위대한 놀이꾼이 되고자 했다. 니체에게 놀이는 우주의 리듬이자, 모든 사물이 행복할 수 있는 근본적인 계기다. 장자에게 놀이[유遊]는 세속에서 벗어난 정신적인 자유를 의미한다. 장자는 자신의 마음이 일구어낸 절대 자유의 공간에서 유희하고자 했다. 이것은 예술가가 자신이 만든 작품 세계에 빠져드는 것과 비슷하다.

우리 모두, 장자와 니체의 철학에서 삶을 유희할 수 있는 지혜를 배워보자. 과거는 이미 지나가 버렸으니 후회한들 아무런 의미가 없다. 미래는 아직 오지 않은 현실이므로 공허한 것일 따름이다. 과거나 미래를 생각함이 없이 생생한 지금, 이 순간의 삶에 머물며 모든 대상을 놀이의 대상으로 삼는 어린아이와 같은 존재가 되어보면 어떤가.

니체와 장자는
이렇게 말했다

철학은 어떻게 **나다운 삶**을 살아가게 하는가

초판 1쇄 발행   2020년 02월 28일
초판 6쇄 발행   2024년 10월 15일

지은이   양승권
펴낸이   최용범

편집   김소망, 박호진
디자인   김태호
관리   강은선

펴낸곳   페이퍼로드
            paperroad
출판등록   제2024-000031호(2002년 8월 7일)
주소   서울시 관악구 보라매로5가길 7 1309호
이메일   book@paperroad.net
페이스북   www.facebook.com/paperroadbook
전화   (02)326-0328
팩스   (02)335-0334
ISBN   979-11-90475-01-3(03100)